プリント形式のリアル過去問で本番の臨場感！

愛媛県

今治東・松山西

県立

中等教育学校

2025年春受験用

解答集

本書は，実物をなるべくそのままに，プリント形式で年度ごとに収録しています。
問題用紙を教科別に分けて使うことができるので，本番さながらの演習ができます。

■ 収録内容

・解答集(この冊子です)

書籍ＩＤ番号，この問題集の使い方，最新年度実物データ，リアル過去問の活用，解答例と解説，ご使用にあたってのお願い・ご注意，お問い合わせ

・2024(令和６)年度 ～ 2015(平成27)年度　学力検査問題

○は収録あり　年度	'24	'23	'22	'21	'20	'19
■ 問題(適性検査・作文)	○	○	○	○	○	○
■ 解答用紙	○	○	○	○	○	○
■ 配点						

全分野に解説
があります

上記に2018～2015年度を加えた10年分を収録しています
注)問題文等非掲載:2021年度適性検査の1

問題文の非掲載につきまして

著作権上の都合により，本書に収録している過去入試問題の本文の一部を掲載しておりません。ご不便をおかけし，誠に申し訳ございません。

教英出版

■　書籍ＩＤ番号

入試に役立つダウンロード付録や学校情報などを随時更新して掲載しています。
教英出版ウェブサイトの「ご購入者様のページ」画面で，書籍ＩＤ番号を入力してご利用ください。

書籍ＩＤ番号　101238

（有効期限：2025年9月30日まで）

【入試に役立つダウンロード付録】
「要点のまとめ（国語／算数）」
「課題作文演習」ほか

■　この問題集の使い方

年度ごとにプリント形式で収録しています。針を外して教科ごとに分けて使用します。①片側，②中央のどちらかでとじてありますので，下図を参考に，問題用紙と解答用紙に分けて準備をしましょう（解答用紙がない場合もあります）。

針を外すときは，けがをしないように十分注意してください。また，針を外すと紛失しやすくなりますので気をつけましょう。

① 片側でとじてあるもの

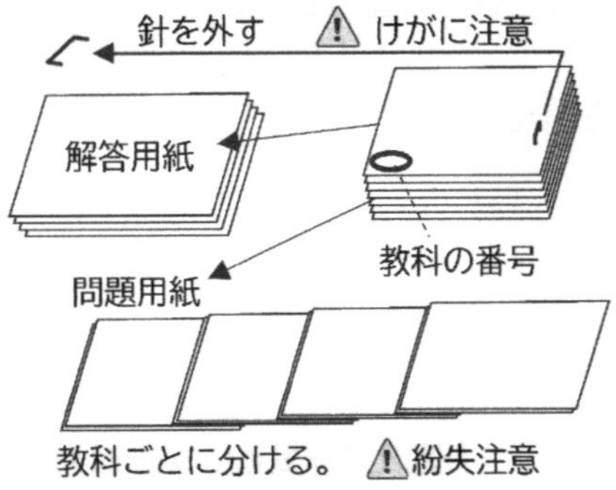

② 中央でとじてあるもの

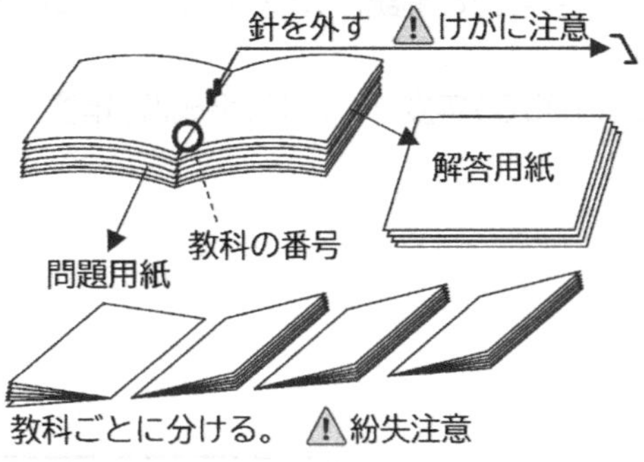

※教科数が上図と異なる場合があります。
解答用紙がない場合や，問題と一体になっている場合があります。
教科の番号は，教科ごとに分けるときの参考にしてください。

■　最新年度 実物データ

実物をなるべくそのままに編集していますが，収録の都合上，実際の試験問題とは異なる場合があります。実物のサイズ，様式は右表で確認してください。

問題用紙	Ａ４冊子（二つ折り）
解答用紙	適性：Ａ４片面プリント 作文：Ｂ４片面プリント

リアル過去問の活用

～リアル過去問なら入試本番で力を発揮することができる～

本番を体験しよう！

問題用紙の形式（縦向き / 横向き），問題の配置や余白など，実物に近い紙面構成なので本番の臨場感が味わえます。まずはパラパラとめくって眺めてみてください。「これが志望校の入試問題なんだ！」と思えば入試に向けて気持ちが高まることでしょう。

入試を知ろう！

同じ教科の過去数年分の問題紙面を並べて，見比べてみましょう。

① 問題の量

毎年同じ大問数か，年によって違うのか，また全体の問題量はどのくらいか知っておきましょう。どのくらいのスピードで解けば時間内に終わるのか，大問ひとつにかけられる時間を計算してみましょう。

② 出題分野

よく出題されている分野とそうでない分野を見つけましょう。同じような問題が過去にも出題されていることに気がつくはずです。

③ 出題順序

得意な分野が毎年同じ大問番号で出題されていると分かれば，本番で取りこぼさないように先回りして解答することができるでしょう。

④ 解答方法

記述式か選択式か（マークシートか），見ておきましょう。記述式なら，単位まで書く必要があるかどうか，文字数はどのくらいかなど，細かいところまでチェックしておきましょう。計算過程を書く必要があるかどうかも重要です。

⑤ 問題の難易度

必ず正解したい基本問題，条件や指示の読み間違いといったケアレスミスに気をつけたい問題，後回しにしたほうがいい問題などをチェックしておきましょう。

問題を解こう！

志望校の入試傾向をつかんだら，問題を何度も解いていきましょう。ほかにも問題文の独特な言いまわしや，その学校独自の答え方を発見できることもあるでしょう。オリンピックや環境問題など，話題になった出来事を毎年出題する学校だと分かれば，日頃のニュースの見かたも変わってきます。

こうして志望校の入試傾向を知り対策を立てることこそが，過去問を解く最大の理由なのです。

実力を知ろう！

過去問を解くにあたって，得点はそれほど重要ではありません。大切なのは，志望校の過去問演習を通して，苦手な教科，苦手な分野を知ることです。苦手な教科，分野が分かったら，教科書や参考書に戻って重点的に学習する時間をつくりましょう。今の自分の実力を知れば，入試本番までの勉強の道すじが見えてきます。

試験に慣れよう！

入試では時間配分も重要です。本番で時間が足りなくなってあわてないように，リアル過去問で実戦演習をして，時間配分や出題パターンに慣れておきましょう。教科ごとに気持ちを切り替える練習もしておきましょう。

心を整えよう！

入試は誰でも緊張するものです。入試前日になったら，演習をやり尽くしたリアル過去問の表紙を眺めてみましょう。問題の内容を見る必要はもうありません。どんな形式だったかな？受験番号や氏名はどこに書くのかな？…ほんの少し見ておくだけでも，志望校の入試に向けて心の準備が整うことでしょう。

そして入試本番では，見慣れた問題紙面が緊張した心を落ち着かせてくれるはずです。

※まれに入試形式を変更する学校もありますが，条件はほかの受験生も同じです。心を整えてあせらずに問題に取りかかりましょう。

愛媛県立中等教育学校　2024 令和6年度　適性検査

《解答例》

1　(1)白米／少量　(2)周りにいる人を明るく　(3)イ．遊園地　理由…遊園地／多くの種類のものがあって，楽しめる

2　(1)ア．10　イ．4　(2)144　(3)288

3　(1)ウ　(2)人がたくさん集まる　(3)エネルギーを無だなく使える。

4　(1)58　(2)11.1　(3)イ．王かんと同じ重さ　ウ．王かん

5　(1)ウ　(2)B，D，H，F　(3)右図　(4)四角形…右図　面積…3

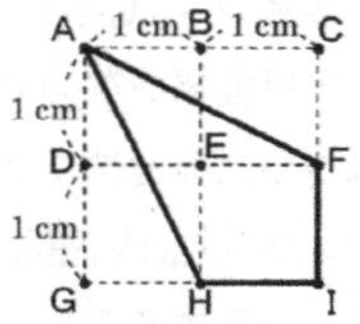

5の(3)の図

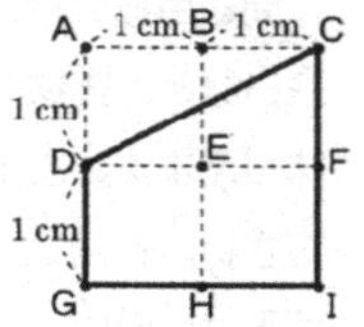

5の(4)の図

6　(1)ア　(2)とら…ウ　いぬ…サ　(3)地域の名所や特産品などを全国に広める　(4)資料6…休養日を取り入れてゆとりのある日程にすること。　資料7…クーリングタイムを取り入れて試合中に休息をとること。

《解　説》

1　(1)　「白米」は「白い米」，「少量」は「少しの量」という意味で，それぞれ，前の漢字が後ろの漢字を修しょくしている。

(2)　ア　の前で，あきえさんが「太陽は明るい光を放っていて，空を明るくするわ」と言っていることをヒントに考える。

(3)　図書館が自分にとってどんな場所なのかを考え，イメージが重なるものにたとえる。

2　(1)　図2について，1つのわくの中に黒い碁石《ごいし》が10個あり，わくが4つだから，黒い碁石は10×4＝40(個)ある。

(2)　図3について，白い碁石は縦，横それぞれに20－2×2＝16(個)ずつ並んでいるので，黒い碁石は全部で20×20－16×16＝400－256＝144(個)ある。

(3)　図4について，一番外側に並んでいる黒い碁石のうち，正方形の四隅《よすみ》に並ぶ碁石を除いた個数は104－4＝100(個)だから，外側の正方形の1辺には，それぞれ100÷4＋2＝27(個)の黒い碁石が並ぶ。

白い碁石は縦，横それぞれに27－3×2＝21(個)ずつ並んでいるので，黒い碁石は全部で27×27－21×21＝729－441＝288(個)ある。

3　(1)　2012年の日用品雑貨販売機の台数の全体にしめる割合の3分の1は，16.8÷3＝5.6(%)であり，2022年の日用品雑貨販売機の台数の全体にしめる割合は5.1%だから，2012年と比べて，3分の1以下になっている。

(2)　住宅街の道路沿い，スポーツ施設や観光地などは，人の往来が多かったり，人が集まったりする場所である。

(3)　日本は電気をつくりだすために多くの資源を海外から輸入しているので，無駄を省いてエネルギー消費量を減らすことは非常に重要である。

4　(1)　金属のかたまりの体積は，金属のかたまりがおしのけた水(あふれた水)の体積に等しく58㎤である。

(2)　$1\times\frac{100}{9.0}=11.11\cdots\to 11.1$ ㎤

(3)　金属1㎤当たりの重さが金より銀の方が小さいから，重さが同じときの体積は金より銀の方が大きい(金属100g当たりの体積は銀が約9.5㎤，金が約5.2㎤である)。したがって，重さが同じとき，金だけでできているもの(金のかたまり)より，金と銀が混ぜられているもの(王かん)の方が体積が大きいから，あふれる水の体積も多くなる。

5　(1)　ア，イ，エは縦，横の長さがそれぞれ2cm，1cmで，下線部①の長方形と合同な長方形である。ウは1辺が

１㎝の正方形だから，合同ではない。

⑵　正方形ＡＧＩＣの面積は２×２＝４（㎠）だから，面積が２㎠の正方形は，正方形ＡＧＩＣの面積の半分である。点線上に正方形の１辺をとると，面積が２㎝の正方形を作ることはできないので，右図のように，１辺が１㎝の正方形４つの対角線を結べばよい。よって，Ｂ，Ｄ，Ｈ，Ｆとなる。

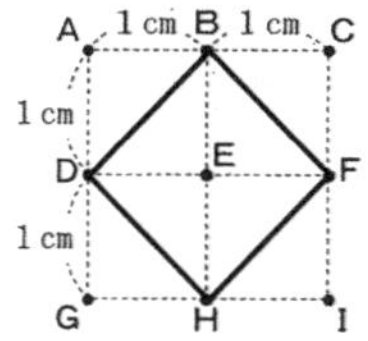

⑶　解答例の四角形は，直線ＡＩによって，面積が１㎠となる２つの三角形に分けられる。解答例以外にも，面積が２㎠であり，長方形，平行四辺形，正方形にならない四角形であればよい。

⑷　解答例のように，正方形ＡＧＩＣの面積を１㎠だけ減らしてできた，面積が３㎠の台形が考えやすい。他にも例えば，右図の四角形の面積は４－１－0.5＝2.5（㎠）となる。このように，条件に合えば他の四角形，面積になってもよい。

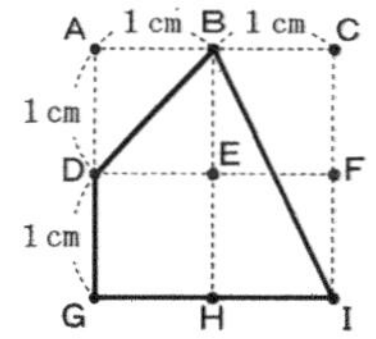

6　⑴　大分県には，日本有数の湧出量をほこる別府温泉をはじめ，数多くの温泉があり，温泉県といわれる。

⑵　右図を参照。地図において，北極と南極を結ぶ経線を子午線と呼ぶことも，十二支に関連している。

⑶　地域の名所や特産品を全国に広めることは，地域の活性化につながる。バスや電車を宣伝用にラッピングすることにも，同様の効果がある。

⑷　試合が連戦にならないように休養日が設けられ，熱中症対策としてクーリングタイムが設けられた。また，連投によって投手のケガの危険性が高まるため，投球数が制限されるようになった。

《解答例》

〈作文のポイント〉

・最初に自分の主張、立場を明確に決め、その内容に沿って書いていく。

・わかりやすい表現を心がける。自信のない表現や漢字は使わない。

さらにくわしい作文の書き方・作文例はこちら！→https://kyoei-syuppan.net/mobile/files/sakupo.html

愛媛県立中等教育学校　2023 令和5年度　適性検査

《解答例》

1　⑴やすりでこする　⑵動きがはやい。／はたらきがある。などから1つ　⑶形が変化する

2　⑴4.7　⑵い．5　う．2　⑶ア．55　イ．19

3　⑴ウ　⑵①種類　②条件　③特典　⑶温室効果ガスのはい出量が減ることで，地球温暖化を防ぐことができる。

4　⑴極…N　理由…大きくなっている／反発する　⑵イ　⑶くっつかなくなった

5　⑴6.28　⑵右図　⑶135.02

6　⑴あ．ウ　い．エ　う．ア　え．キ　⑵イ　⑶寄付をたくさん集めるため，特別なお礼があることをホームページで伝える

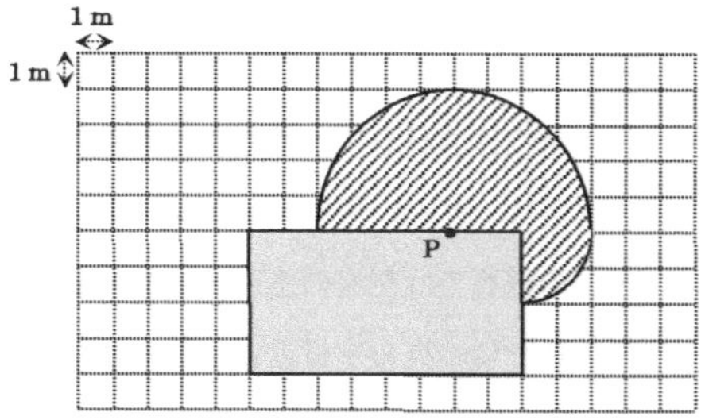

《解　説》

1　⑴　会話文から，「やすり」という言葉は国語辞典にあるが，「やする」という言葉は国語辞典にのっていないことが分かる。「やすりは，木や金属の表面をこすって，なめらかにする道具のこと」「『やする』ではなく～やすりの使い方を書くのが正しかった」とあることから，やすりでこするが当てはまる。

⑵　「動き」「はたらき」は，名詞(「動き」「はたらき」)と，動詞(「動く」「はたらく」)が「～ます」につながる形に変化したもの(「動きます」「はたらきます)」が同じ形になる。よって，「動きが」または「はたらきが」が主語になる文を答える。

⑶　「『笑い』も『おどり』と同じように，名詞として使うときと，動詞として使うときがあるね。たいちは，それらの言葉と同じだと思って『やする』という言葉があるとかんちがいしたのかな」とある。名詞として使うときは「笑い」「おどり」で，動詞として使うときは「笑う」「おどる」に形が変化する。このことから，たいちさんは名詞「やすり」も同じように，動詞として使うときは「やする」に形が変化すると考えたのだと，ひろとさんは思ったのだ。

2　⑴　33÷7を小数第1位まで求めると，商は4.7，余りは0.1となる。

⑵　114と16を2で割って計算しているので，余りも2で割っていることに気をつける。つまり，114÷16＝7余り2だから，16人のチームを7チーム作ると2人余る。よって，17人のチームを2チーム，16人のチームを7－2＝5(チーム)作ればよい。

⑶ア　$6\frac{7}{8}\times 8=\frac{55}{8}\times 8=55$

イ　55÷3＝18余り1だから，18枚用意すると，$1\div 8=\frac{1}{8}$(本分)余る。よって，18＋1＝19(枚)用意すればよい。

3　⑴　ウ　A社の「電車」通勤者数は800×0.46＝368(人)，B社の「車・バイク」通勤者数は300×0.73＝219(人)だから，A社の「電車」通勤者数の方が多い。ア．A社の「自転車」通勤者数は15%だから，全従業員数の5分の1＝20%以下である。イ．B社の通勤に乗り物を使う従業員の割合は100－3＝97(%)だから，半分以上である。エ．A社の「バス」通勤者数は21%だから，全従業員数の2割＝20%以上である。

⑵　表の右側から判断する。会員の①には，個人会員とチーム会員の２種類があることがわかる。会員の②には，会員として守るべき条件が３つ書いてある。会員の③には，会員になったら与えられる情報や商品が２つあることが書かれている。

⑶　車やバイクは，温室効果ガスの１つである二酸化炭素をはい出する。大気中の温室効果ガスの濃度が増えると，地球温暖化が進む。解答例の「地球温暖化を防ぐ」の部分は，「地球温暖化の進行を抑える」などでもよい。

4　⑴　表より，ＡとＢの間のきょりを短くするほど，はかりが示す重さが重くなることがわかる。よって，ＡとＢの間に反発する力がはたらき，Ａがはかりに加える力が大きくなっていることがわかる。磁石では同じ極どうしは反発し合い，ちがう極どうしはひき合うので，「あ」に当てはまる極はＮ極である。

⑵　鉄の棒は磁石につくので，鉄の棒をＡに近づけていくと鉄の棒とＡの間に引き合う力がはたらいてはかりが示す重さは100ｇよりも軽くなる。

⑶　棒磁石では左右の極の付近では鉄を引きつける力が強いが，真ん中付近ではほとんど力がはたらかない。よって，ＰをＱの真ん中付近に移動させていったとき，Ｑが棒磁石（Ｐが鉄の棒）であればＰはくっつかなくなり，Ｑが鉄の棒（Ｐが棒磁石）であればＰはくっついたままである。

5　⑴　犬が動くことができる範囲《はんい》は半径２ｍの半円の面積だから，$2\times2\times3.14\times\frac{1}{2}=6.28$（㎡）である。

⑵　犬が動くことができる範囲はＰを中心とする半径４ｍの半円の面積と，建物の角《かど》を中心とする半径２ｍの円の面積の$\frac{1}{4}$だから，図ｉの太線部と建物に囲まれた範囲である。

図ｉ

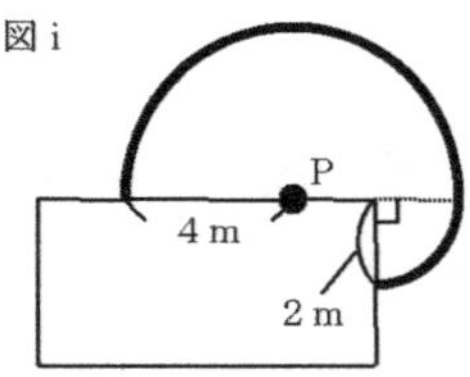

⑶　⑵の解説をふまえる。犬が動くことができる範囲は図ⅱの太線部と建物に囲まれた範囲である。よって，半径８ｍの半円の面積と，半径２ｍの円の面積の$\frac{1}{4}$が２つ分と，半径６ｍの円の面積の$\frac{1}{4}$の和だから，

$8\times8\times3.14\times\frac{1}{2}+2\times2\times3.14\times\frac{1}{4}\times2+6\times6\times3.14\times\frac{1}{4}=$

$32\times3.14+2\times3.14+9\times3.14=(32+2+9)\times3.14=43\times3.14=135.02$（㎡）である。

図ⅱ

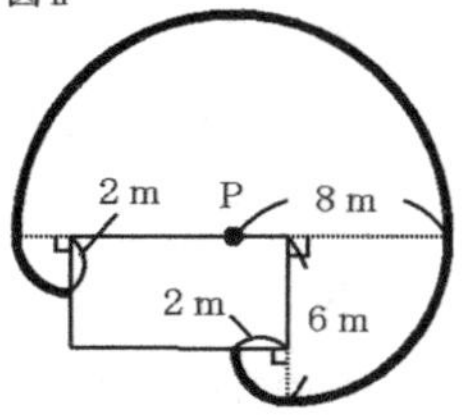

6　⑴　あ＝ウ　い＝エ　う＝ア　え＝キ　　あ．【資料１】をみれば，建造物は有形文化財であることがわかる。い．【資料１】に技術そのものは無形文化財であることが書かれている。う．【資料２】の中で12あるもののうち，工芸品が含まれるので，国宝と判断する。え．直前に「民俗芸能」とあることから無形民俗文化財と判断する。

⑵　イ　　【資料２】の工芸品の欄《らん》より，86⑻＋37＝123⑻

⑶　【資料４】の第一段落に「寄付を集めている」ことが書かれている。第二段落に「寄付をしていただいた方には，特別なお礼を用意している」ことが書かれている。最終段落から「くわしいことはホームページに書かれている」ことがわかる。以上をまとめると解答例のようになる。

《解答例》

(例文)選んだ作文問題の番号…1

私は、小学四年生の時に県外からひっこして来て、現在の小学校に転入しました。この時の経験から、あいさつをすることの大切さを学びました。

私にとって、ひっこしや転入は初めての経験でした。だから、周囲が知らない人ばかりという状きょうに大変とまどいました。しかし、父母に連れられて、ご近所の家を回ってあいさつをすると、みなさん温かく、とても親切にしてくれました。また、小学校で、友達ができるのか不安で、初登校する前夜はねむれないほどきん張をしました。しかし、登校すると同級生の方からあいさつをしてくれて、それをきっかけに話をするようになり、友達もできました。

このことを通して、あいさつは、相手の心を開き、人と人をつないでくれるようなものだと思いました。そして、それによっておたがいのきん張がほぐれたり、人間関係がよくなったりすることを知りました。

中学校に入学すると、また新しい出会いがあります。たくさんの友達を作りたいと思っているので、自分からすすんであいさつをするようにしたいと考えています。

愛媛県立中等教育学校　2022 令和4年度　適性検査

《解答例》

1　(1)ア．し　イ．つ　(2)追い出してください　(3)自分が出した問題を，一休さんより先に解決しなくてはならなくなった

2　(1)15　(2)1と2と2　(3)2と3と4，3と3と3，1と4と4　(4)11

3　(1)冬　(2)イ，エ　(3)キウイフルーツが一年中おろし売りされている

4　(1)イワナの数が多いほうの川…B　イワナの数…250　(2)240　(3)取れにくい

5　(1)16　(2)20　(3)64

6　(1)ア．2010　イ．減少し　(2)A→C→B→D　(3)P．日本　Q．中国　R．イギリス　S．インド

《解　説》

1　(1)**ア**　「筆でたてに長いまっすぐな一本の線を引き続けた後，線の最後になるところを右上に丸くはらって」完成するひらがなは「し」である。　**イ**　「まっすぐのばした線の最後になるところを，左上に丸くはらって」「(紙の向きをたて長からよこ長に)見方を変えると」ひらがなの「つ」になる。

(2)　Bと「びょうぶの虎《とら》」は，無理難題には無理難題で切り返して相手を負かす一休《いっきゅう》さんのとんち話である。「将軍《しょうぐん》から『びょうぶにかかれた虎をつかまえよ。』と言われた一休さんは，」自分が虎をつかまえるためには，その前に将軍がびょうぶから虎を追い出してくださいと無理な要求で切り返した。

(3)　一休さんに「お椀《わん》の中のお汁《しる》は，ふたを取らずに味わってください」と無理な要求した男は，その前に「ふたを取らずに温かいものと取りかえてください」と切り返されて困った。「びょうぶにかかれた虎をつかまえよ」と無理なことを要求した将軍は，その前に「びょうぶから虎を追い出してください」と切り返されて困った。どちらにも共通するのは「一休さんより先に(自分が出した無理難題)を解決しなくてはならない」状きょうに追いこまれたことである。

2　(1)　最も大きい和は，5のカードを3枚選んだときの，5×3＝15

(2)　和が5となる3つの数の組み合わせは，(1，1，3)と(1，2，2)の2通りある。

(3)　和が9となる3つの数の組み合わせは，(1，3，5)(1，4，4)(2，2，5)(2，3，4)(3，3，3)の5通りある。

(4)　最も大きい和は(4，4，4)の12である。ここから和を1小さくするためには，3つの数を(3，4，4)とするしかないが，3のカードは存在しない。よって，できない整数は11である。

3　(1)　資料2より，日本産キウイフルーツのおろし売り数量は，1月～3月に多くなると分かる。

(2)　イとエが正しい。　ア．4月・5月・8月・9月の輸入キウイフルーツ1kg当たりのおろし売り価格は，日本産キウイフルーツよりも高い。　ウ．輸入キウイフルーツ1kg当たりのおろし売り価格が一番高い4月は，日本産キウイフルーツ1kg当たりのおろし売り価格との差が111円である。

(3)　資料2より，日本産キウイフルーツは5月～9月におろし売り数量が少なくなり，輸入キウイフルーツは日本産の数量が少ない時期に多く入荷されていることが読み取れる。日本では，キウイフルーツのとれる量が少なくな

る期間，南半球に位置し，季節が日本と逆になるニュージーランドからキウイフルーツを多く輸入している。そのため，一年中安定したキウイフルーツの量をおろし売りすることができる。

4　⑴　方法１で計算すると，Aは$\frac{60\times60}{60-45}=240$(匹)，Bは$\frac{50\times50}{50-40}=250$(匹)となるので，Bのほうが多い。

⑵　Dについて，２回目にとったイワナの数のうち，目印がついていたイワナの割合は，$\frac{5}{30}=\frac{1}{6}$である。この割合は，川にいるイワナ全体のうちの目印がついたイワナの割合とおよそ同じであると推測できる。川にいるイワナ全体の$\frac{1}{6}$に目印がついていて，目印がついているのが40匹(１回目にとったイワナの数)だから，Dに生息しているイワナの数は，$40\div\frac{1}{6}=240$(匹)　　なお，この調査方法は標本調査と呼ばれるもので，中学の数学で学習する。

⑶　目印をつけることで，魚が弱って死んでしまったり，目立ったせいで捕食されやすくなったりしてはいけないし，そもそも２回目の調査までしっかりと残る目印をつけなくてはいけない。

5　⑴　図iの｜で示した辺を右に，ーで示した辺を上に移動させると，図iiのように一辺の長さが４cmの正方形ができるから，求める長さは，$4\times4=16$(cm)

図i

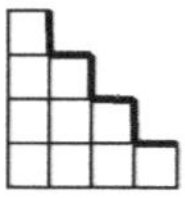

図ii

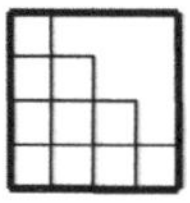

⑵　図iiiの｜で示した辺を右または左に，ーで示した辺を上に移動させると，図ivのように一辺の長さが５cmの正方形ができるから，求める長さは，$5\times4=20$(cm)

図iii

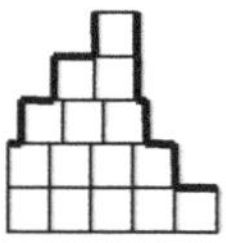

図iv

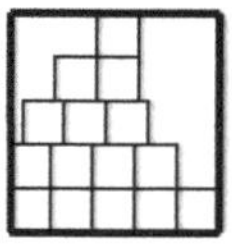

⑶　$21=1+2\times10$だから，図７は全部で$1+10=11$(段)ある。

よって，⑵と同様に辺を移動させると，縦が11 cm，横が21 cmの長方形ができるから，求める長さは，$(11+21)\times2=64$(cm)

6　⑴　資料１より，日本の総人口が前の年よりも増えているのは2010年が最後で，それ以降は減少し続けていることが読み取れる。

⑵　少子高齢化が進んでいる日本では，子どもの人口がだんだん少なくなるので，A．1950年(第一次ベビーブーム)→C．1970年(第二次ベビーブーム)→B．1990年→D．2010年の順になる。

⑶　日本は高齢化が進んでいるから，2018年の高齢化率が最も高いPが日本である。1960年の日本の15～64才の割合より高いのはRだから，Rがイギリスである。2018年の日本の０～14才の割合の２倍以上になるのはSだから，Sがインドである。残ったQが中国であり，1990年のイギリスと中国，2018年の日本と中国の説明にあっている。

《解答例》

(例文)選んだ作文問題の番号…１

新型コロナウイルスの感せん拡大によって、さまざまな産業が打げきを受けています。厳しい経済状きょうの中で、助け合って乗り切ろうとする取り組みがあります。それらを通して、助け合うことの大切さを感じました。

イベントが縮小したり中止されたりしたため、お花のじゅ要が減りました。厳しい状きょうになった農家や生花店を助ける取り組みで、私のクラスにも、きれいなフラワーアレンジメントが届きました。コロナの不安をかかえながら過ごす毎日ですが、きれいなお花が身近にあると、とても心がなごみました。そして、自分もお花を買って、家にもかざりたいと思いました。

また、厳しい状きょうにある飲食店を応えんするため、テイクアウトで食事を楽しもうと考える人も多くいます。私の家でも、週末によくテイクアウトを利用します。外食ができなくても、家でおいしい料理を食べられるので、家族の楽しみの一つになりました。

さまざまな仕事をしている人の努力によって、社会は成り立っています。だからこそ、何かあった時には助け合うことが大切だと考えました。コロナの危機でみなそれぞれに大変ですが、より困っている人を応えんすることは、社会全体のためになると思います。一人の力は小さくても、みなで気持ちを寄せ合えば、大きな力になります。困った時はおたがいさま。みながこの気持ちを持つことが、温かい社会をつくるのだと考えます。

《解答例》

1　(1)盗むには経験が必要だ　(2)二本目の矢で当てればよい　(3)心を一つにして仕事をする

2　(1)
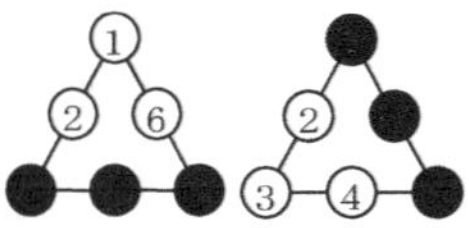
(2)
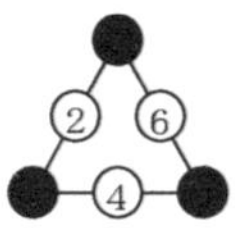
(3)
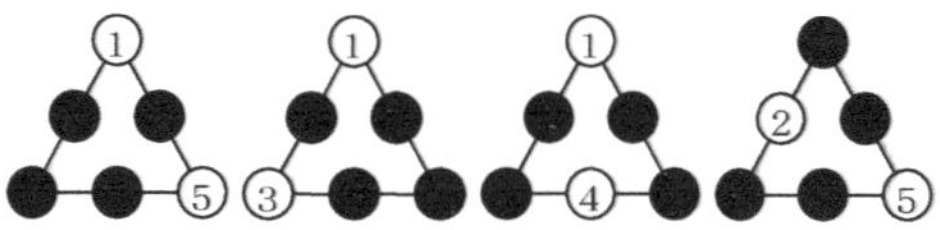
から1つ　(4)18

3　(1)①ア　②エ　(2)宿はく者数が多いお盆の時期に宿はく料金を高く設定している。　(3)28

4　(1)Z　(2)P．○　Q．○　R．×　S．○　T．○　(3)場所…階段　使い方…下の階で電気をつけて，上の階で電気を消す。

5　(1)ア．24　イ．28　(2)18　(3)51

6　(1)エ　(2)関連する商品を近くにならべることで，セットで買ってもらうチャンスが増える　資料の番号…3
(3)お客さんがレジ前にならんでいるときに，目にとまった商品を，ついつい買ってしまうことが多い
資料の番号…2　(4)けた数があがる手前の価格をつけることで，お客さんが，お買い得であるという気持ちになる　資料の番号…5

《解　説》

1　(1)　さおりさんの「けれど、この師《し》匠《しょう》は、最初は自分が教えたとおり覚えればよいと言っているわ」という発言に着目する。この師匠は、「弟子が師匠の技術をわきから見て学び取る(＝芸を盗《ぬす》む)」のは難しいから、「最初は自分が教えたとおり覚えればよい」と考えている。つまり、「芸を盗む」前に師匠が教えたとおり覚えるという経験が必要だと考えているのである。

(2)　［イ］のあとの「気持ちをゆるめず一本の矢を当てることに集中することの大切さを教えたんだね」という発言に着目する。ここから、気持ちがゆるむとは、二本あるのだから一本目は外れてもよい、二本目で当てればよいと思うことだと考えられる。

(3)　Cの「人組みは、人の心組み」より考える。

2　(1)　三角形の1辺にすべての碁石が並ぶように，③と④と⑤の場所，①と⑥と⑤の場所に置けばよい。

(2)　右図のようにかぶって数えている場所に注目すると，①と③と⑤の場所に置けばよいとわかる。

(3)　図4のように②と④と⑥の場所に置くと，残りの1個は①，③，⑤のどこに置いても3個並ぶ辺はない。よって，②，③，④，⑥か②，④，⑤，⑥に置くと，条件に合う。
図5のように②と④と⑥のうち，2か所に置いたとき，残りの2個を②と④と⑥のうちの置かれていない場所の両隣《りょうどなり》に置くと，3個並ぶ辺はない。よって，②，③，⑤，⑥か①，③，④，⑥に置くと，条件に合う。

(4)　碁石が置かれていない6－4＝2(か所)の数の和が最小になればよい。碁石が置かれていないのが①，②のときが最小で，このとき1つの辺に3個並ぶから，条件に合う。よって，求める数は，3＋4＋5＋6＝18

3　(1)①　ア．家族と旅行に行く人の割合は常に40%以上であるのに対し，他は常に30%以下である。　②　エを選ぶ。2017年の自分ひとりで旅行に行く人の割合は，2007年の12÷5＝2.4(倍)である。アはおよそ1.3倍であり，イとウは2017年の割合が2007年よりも低い。

(2)　Eの料金であるお盆の時期は，買いたい量(需要量)＞売りたい(供給量)となるため，不足が生じて料金が高くなる。反対に，休みでない時期は，供給量＞需要量となるため，売れ残りが生じて料金が安くなる。

⑶　１ぱくの宿はく料金は大人も子どももA，B，C，D，Eの順に安い。お父さんとお母さんは土日が休みで，それ以外に１日休みを取るから，金土日か，土日月に旅行に行く。よって，宿はくする２日間は金土か土日なので，そのうち最も安く宿はくできる組み合わせを探すと，８月28日(C)，29日(B)が見つかる。

したがって，８月28日に出発すればよい。

4　⑴　Z○…電池と豆電球がつながったひと続きの回路になると，豆電球が光る。QとSを両方入れると，Zが光る。

⑵　R以外の４つのスイッチをすべて入れると，YとZの並列つなぎの回路になり，YとZが⑴のZと同じ明るさで光る。

⑶　階段の電気は，１階と２階の両方でつけたり消したりすることができるように，回路に三路スイッチが使われている。

5　⑴　のりしろを考えなければ，１枚目の正方形の紙に，縦３cm，横２cmの長方形の紙を何枚もくっつけていくのと同じことである。したがって，２枚目以降をはるごとに，周りの長さは右図の太線の長さ(４cm)だけ長くなる。よって，使った折り紙が４枚のとき20＋４＝ア24(cm)，５枚のとき24＋４＝イ28(cm)

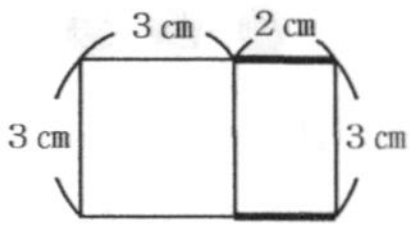

⑵　⑴をふまえる。使った折り紙が２枚のときの長方形の周りの長さより，80－16＝64(cm)長いから，２枚からさらに64÷４＝16(枚)使っているとわかる。よって，求める枚数は，２＋16＝18(枚)

⑶　使った折り紙の枚数を１枚増やすと，長方形の周りの長さは(５－１)×２＝８(cm)長くなる(右図の太線部分)。折り紙１枚の周りの長さは５×４＝20(cm)であり，できた長方形の周りの長さはこれより420－20＝400(cm)長いので，求める枚数は，１＋400÷８＝51(枚)

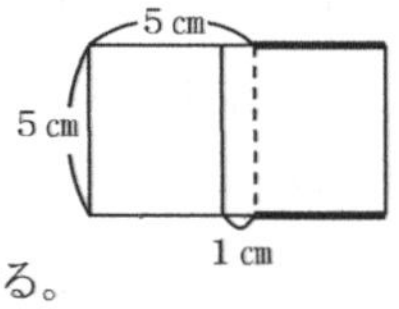

6　⑴　二段落に「肉や魚を店の奥に配置」とあるから，出入口から最も離れているエと判断する。

⑵　３.「野菜売り場」に「ドレッシング」を置いておけば，サラダを作るために一緒に買う人が増える。

⑶　２.「レジ前」に着目する。会計前の列にならんで待つ時間を利用して，買い足す頻度が高い商品を目につく場所に配置している。

⑷　５.「価格」に着目する。値下げする前後の販売価格を比較できるようにして，より割安に感じるようにしている。

愛媛県立中等教育学校　2021 令和３年度　作文

《解答例》

(例文)

選んだ意見の番号…２

　私は、「しゅみは、たくさんあるよりも、一つのほうがよい。」という意見には賛成できない。なぜなら、たくさんのしゅみがあれば、それらがたがいにえいきょうしあって、よい効果を発揮するからだ。

　私は小学一年生からサッカーを続けている。小学校低学年のころは、体が小さく、なかなか強くなれなかった。小学四年生の時、練習試合でチームの足を引っ張り、すっかり落ちこんでしまった。私は本を読むのも好きだったので、気分転かんをしようと思い、書店に立ち寄った。そして何気なく、海外で活やくする有名なサッカー選手の書いた本を手に取った。その本には、結果を出せなかった時の考え方や、練習する時の心構えなど、私が考えもしなかったことがたくさん書かれていた。急いでその本を買って帰り、その日のうちにすべて読んでしまった。その本を読んでからは、サッカーに対する考え方が変わり、練習の質も上がった。その後、サッカーの練習方法やトレーニングについて書かれた本も買い、自主的に練習したり体をきたえたりしたことで、どんどんうまくなった。

　読書というしゅみがなければ、ここまでサッカーがうまくなることはなかったと思うので、しゅみはたくさんあった方がよいと考える。

愛媛県立中等教育学校　2020 令和2年度　適性検査

《解答例》

1　(1)雨がやむ／本ぶりになった　(2)通り抜けができる　(3)寝ている／書物を風がめくっている　(4)竹の中にかぐや姫が入っている

2　(1)ア．11　イ．2.4　(2)ウ．カリウム　エ．チッソ　オ．足りない　カ．多すぎる
(3)①D，3　②B，2，C，1〔別解〕C，1，B，2

3　(1)エ　(2)外国語で書かれている。／金額をお金の図で表示している。　(3)使ったカードの番号…④，③　伝えることができる意志…さいふを落とした／警察に行き

4　(1)①15　②8　(2)イ　(3)さげおの位置を皿のほうによせる。／おもりを重いものにする。

5　(1)右図　(2)162　(3)12

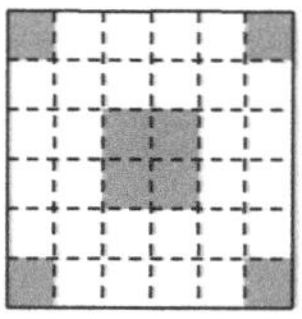

6　(1)イ　資料の番号…3　(2)コンビニエンスストアで多くの食品ロスが出ているから。資料の番号…1　(3)商品の輸送費用を減らすことができるから。　資料の番号…2
(4)人手が不足しているから。　資料の番号…4

《解　説》

1　(1)　意味の上では「本《ほん》ぶりになって出て行く／雨宿り」と切れる。雨宿りしていたがなかなか雨がやまず，結局本ぶりの時に出て行ってしまう滑稽《こっけい》さをうたったもの。今の私たちにもよくある出来事で，共感できるおもしろさがある。

(2)　「通り抜《ぬ》け無用」と示したことで，かえって，その道は通り抜けができるのだとみんなに示すことになった。

(3)　本を読みながら寝《ね》てしまったが，風がふいて本のページがパラパラとめくれている。その様子が，まるで風が本をめくっているように見えるということ。

(4)　かぐや姫《ひめ》を発見した「その後《のち》は」，またかぐや姫がいるかもしれないと思って，竹取の翁《おきな》が，(かぐや姫がいても傷つけないように)「こわごわ（＝おそるおそる）」竹を割《わ》るようになった，という意味。『竹取物語』には描《えが》かれていない場面だが，翁の日常を想像できて，どこかほほえましい。

2　(1)　重さ20kgの肥料のうち，カリウムの重さは2.2kgなので，カリウムの割合は$\frac{2.2}{20}\times100=$ア11(%)である。
リン酸の割合は12%だから，リン酸の重さは$20\times\frac{12}{100}=$イ2.4(kg)である。

(2)　A肥料を2袋買うと，チッソの重さが1.8×2＝3.6(kg)，カリウムの重さが2.2×2＝4.4(kg)になるので，ウカリウムの量は4kg以上5kg以下になるからちょうどいい量となり，エチッソの量は7kgより少ないのでオ足りない。
A肥料を4袋買うと，チッソの重さが1.8×4＝7.2(kg)，カリウムの重さが2.2×4＝8.8(kg)になるので，エチッソの量は7kg以上8kg以下になるからちょうどいい量となり，ウカリウムの量は5kgより多いのでカ多すぎる。

(3)　B肥料，C肥料，D肥料に含まれている(チッソの重さ，カリウムの重さ)を計算すると，それぞれ，(2.4kg，2kg)，(3.2kg，0.8kg)，(2.6kg，1.6kg)となる。チッソが最も多いC肥料を2袋買うと，チッソの量は3.2×2＝6.4(kg)となり7kgには足りないので，肥料は必ず3袋以上買わなければならない。
チッソが最も少ないB肥料を4袋買うと，チッソの量は2.4×4＝9.6(kg)となり，8kgより多くなってしまうので，肥料は必ず3袋以下で買わなければならない。つまり，肥料は合計で3袋買う。
1種類だけでチッソが7kg以上8kg以下になるような買い方は，2.4×3＝7.2(kg)，2.6×3＝7.8(kg)より，B

肥料を３袋買う，またはD肥料を３袋買うときだけである。

B肥料を３袋買うときのカリウムの重さは２×３＝６(kg)となり，５kgより多いので条件に合わない。

D肥料を３袋買うときのカリウムの重さは1.6×３＝4.8(kg)となり，４kg以上５kg以下なので条件に合う。

したがって，下線部①の買い方は，D肥料を３袋である。

下線部②の買い方では，いずれかの肥料を２袋買うことになるので，２袋分のチッソとカリウムの量を計算すると，右表のようになる。それぞれの組み合わせに異なる種類の肥料を１袋加えて条件に合うものを探すと，B肥料２袋にC肥料１袋を加えたときだけが条件に合うとわかる。

	チッソ(kg)	カリウム(kg)
B肥料２袋	4.8	4
C肥料２袋	6.4	1.6
D肥料２袋	5.2	3.2

よって，下線部②の買い方は，B肥料を２袋とC肥料を１袋である。

3 ⑴ エが正しい。観光客の数は2017年が約2950万人，2011年が約550万人だから，2017年の観光客の数は2011年の2950÷550＝5.36…(倍)となる。　ア．2015年から2017年にかけて，訪日外客数は出国日本人数を上回っている。イ．出国日本人数は，一番多い2012年が約1900万人，一番少ない2009年が約1500万人だから，その人数の差は約400万人である。　ウ．「商用客」が「観光客」であれば正しい。2011年から2017年にかけて商用客の数はほとんど変化していない。

⑵ 上段に英語，中段に中国語，下段にハングル(韓国などで使用される文字)で表記されている。また，言葉がわからなくてもお金の図によって金額がわかるようになっている。

⑶ 解答例の「落とした」を「拾った」としても良い。また，⑥と③のカードを選び，伝えることができる意志を「家の鍵を落としたので，警察に行きたいです」としても良い。

4 ⑴ 図２のさおばかりでは，分銅の重さが10ｇ増えるごとに，おもりXの０ｇの目もりからのきょりが５㎝ずつ増えるので，①には10より５大きい15が当てはまる。また，図３のさおばかりでは，分銅の重さが10ｇ増えるごとに，おもりYの０ｇの目もりからのきょりが２㎝ずつ増えるので，②には６より２大きい８が当てはまる。

⑵ イ○…つるした皿の重さが重くなると，皿が棒をかたむけるはたらきが大きくなるので，おもりが棒をかたむけるはたらきも大きくなるように，０ｇの目もりの位置をさげおから遠ざける必要がある。

⑶ おもりX(またはおもりY)に着目する，さげおの位置を皿のほうによせた図３のさおばかりのほうが，分銅の重さが同じときの０ｇの目もりからのきょりが小さいから，より重いものまで量ることができると考えられる。また，図２(または図３)のさおばかりに着目すると，おもりの重さが重いおもりYのほうが，分銅の重さが同じときの０ｇの目もりからのきょりが小さいから，より重いものまで量ることができると考えられる。

5 ⑴ 問題の①，②，③の手順を順番に戻すように広げていく。切り取った部分を色付き部分として④の図形を順に広げると，右図のⅰ→ⅱ→ⅲとなるから，解答例のようになる。

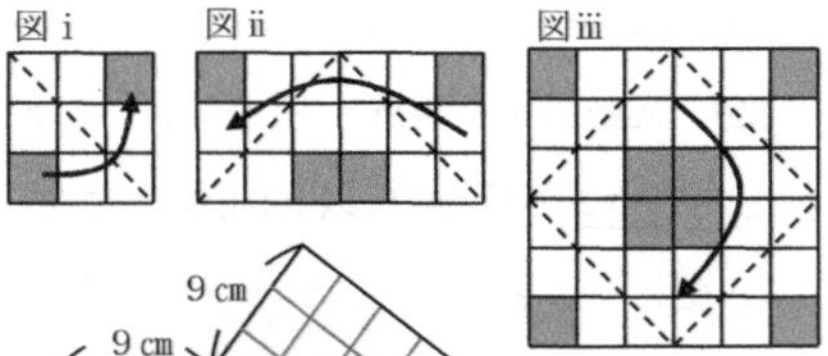

⑵ 右図のように線を引くと，色をつけた部分は，底辺を18㎝の辺としたときの高さが18－９＝９(㎝)の直角三角形２つ分だとわかる。よって，求める面積は，(18×９÷２)×２＝162(㎠)である。

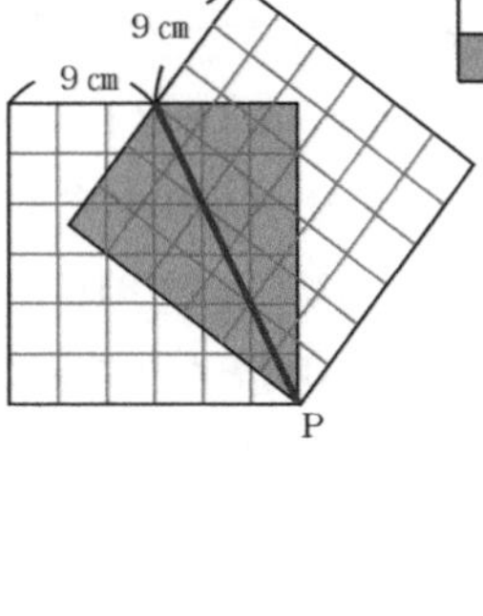

(3) 正方形Ａの頂点が点Ｔで重なるとき，できた図形の外側の辺を結んでできる図形は，一辺の長さがすべて 18 ㎝になるから，正多角形になることがわかる。また，正多角形の辺の数は，はった正方形Ａの枚数に等しい。よって，その正多角形の１つの内角の大きさである右図の角ＵＱＳの大きさを求める。

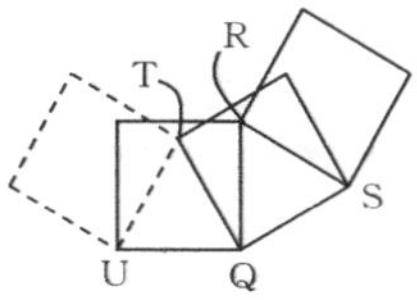

三角形ＲＱＳは一辺が 18 ㎝の正三角形なので，角ＲＱＳ＝60 度である。角ＲＱＵ＝90 度なので，角ＵＱＳ＝90＋60＝150(度)である。したがって，この正多角形の１つの外角の大きさは 180－150＝30 度である。正多角形の外角の大きさの和はどのような正多角形でも 360 度であり，正多角形のすべての外角の大きさは等しくなるから，360÷30＝12 より，できる図形は正十二角形とわかる。よって，正方形Ａは全部で 12 枚はられている。

6 (1) 資料３の「24 時間いつでも食料品等を購入することができる」「ＡＴＭで銀行に預けている現金を引き出すことができる」「電気料金や水道料金等の公共料金を支払うことができる」からイが正しいと導ける。

(2) 取り組みの「消費期限」から，日本の食品ロスについての記述の資料１を選び，その中の「年間約 643 万トンの食品ロスのうち，約 10％がコンビニエンスストア」に着目して考えれば良い。

(3) 問いの「店舗がお互いに近くなるように配置する」と，資料２の「一つの地域に集中的に出店する」が対応している。解答例のほか，「出店地域での知名度を高めることができるから。」としても良い。

(4) 営業時間を短縮すれば従業員数を減らせる。資料４より，表１で「従業員が不足している」の割合が 60％と高いこと，表２で「12 時間以上」働いているコンビニエンスストアの店主が 30％近くもいることを読み取ろう。

愛媛県立中等教育学校　2020 令和２年度　作文

《解答例》

(例文)

選んだ意見の番号…２

私は、２の意見に対して賛成できない。なぜかというと、歩くことで得られることがたくさんあるからだ。遠足の目的地によってはバスを利用することがあってもよいと思うが、歩いて行くよりもバスで行くほうがよいとは思わない。

私のそう祖父は七十才を過ぎているが、とても体がじょうぶで、かぜ一つひかない。ウォーキングのイベントがあれば積極的に参加していて、健康そのものだ。そう祖父に健康の秘けつを聞いたところ、小学生のころから毎日長いきょりを歩いているのがよかったということだった。休みの日も山に登ったり、運動をしたりして過ごすことが当たり前だったから、自然と体がきたえられたそうだ。それにくらべると、今の小学生は家の中で遊ぶ時間が長いし、長いきょりを歩く機会が少ないから、体がきたえられていないと言われた。体力テストを見ても、それが数字で表れている。だから、せめて遠足ではふだん歩かないような長いきょりを歩くことを経験した方がよいと思う。遠足で友達といっしょに歩くと体がきたえられるだけでなく、話がはずんで楽しいし、つかれたときにははげまし合ったり支え合ったりすることも経験できるので、得ることがたくさんあると思う。

《解答例》

1　(1)深い／青い　(2)水に浮かぶことができない　(3)ア．ピアノの音が聞こえる。　イ．ローソクの火が消える。

2　(1)4　(2)3，5　(3)8，12，14，18

3　(1)ねだんの高い，その他のかんきつのわりあいを増やす工夫が行われている。　(2)不利になった人たち…夏かんカゴの生産者　どうなったか…夏かんカゴをつくる仕事がなくなった。　(3)ジュースを作って売る

4　(1)ア．840　イ．1260　(2)銀　(3)C＞B＞A

5　(1)1，20　(2)9　(3)36　(4)120

6　(1)ウ　(2)エ　(3)理由…大日本帝国憲法が発布された　資料の番号…1，4

《解　説》

1　(1)　「『い』で言い切った形で答えること」とあるから、形容詞を答えること。他に「美しい」、「あらあらしい」など様々な答えが考えられる。

(2)　「金づち」は水中に沈《しず》むことから、泳ぎができないことや、泳げない人のことという時に用いる。

2　(1)　図4より，9のマスに止めたとき，サイコロの下の面(マス目の紙と接している面)の数は3とわかる。図2より，サイコロの向かい合う2つの面の数の和は7だから，サイコロの上の面の数(出ている目)は，7－3＝4とわかる。

(2)　＜スタート＞から2マス転がして17のマスに行く行き方は，＜スタート＞→12→17と＜スタート＞→18→17の2通りある。＜スタート＞→12→17と転がすとき，12のマスで出る目は3，17のマスで出る目は2と向かい合う面の数だから5である。＜スタート＞→18→17と転がすとき，18のマスで出る目は2と向かい合う面の数だから5，17のマスで出る目は3である。

(3)　＜スタート＞で出ている目が1だから，はじめに右に2回などのように，2回同じ方向に転がすと，1は下の面となるから，この後1回だけ転がして，1が上の面にくることはない。また，右に1回，左に1回などのように，2回で元のマスに戻るような転がし方をすると，1は上の面となるから，この後1回だけ転がして，1が上の面にくることはない。したがって，1回目に左右どちらかに転がしたら，2回目は上下どちらかに転がし，1回目に上下どちらかに転がしたら，2回目は左右どちらかに転がせばよいとわかる。

例えば，1回目に左，2回目に上に転がすと，7のマスで1は左の面となるから，3回目に右に転がせばよいとわかり，8のマスで1の目が出る。

同じように考えると，(1回目，2回目，3回目)の転がし方が，(左，下，右)で18のマス，(右，上，左)で8のマス，(右，下，左)で18のマス，(上，左，下)で12のマス，(上，右，下)で14のマス，(下，左，上)で12のマス，(下，右，上)で14のマスとなるから，求めるマスの番号は，8，12，14，18である。

3　(1)　注2の「その他のかんきつは，同じ重さで比べると，温州みかん，夏みかん・ネーブル・伊予かん・はっさくより，値段が高い」に着目して収穫量の移り変わりを見ると，その他のかんきつの収穫量が年々増加傾向にあり，全体に占めるわりあいが増えていることが読み取れる。

(2)　「○夏かんカゴの生産者の話」に「夏かんの入れ物が段ボール箱に替わって，夏かんカゴ作りは終わりました」

「私たちの生活を左右する一大事であった」とあることから導く。

(3) 解答例のほか，「ジャムを作って売る」「ゼリーを作って売る」なども良い。６次産業化が果たされると，生産者と消費者との距離が近くなり，消費者が安心して農産物を購入できるようになる。また，地元の人々が地元の農家がつくった農産品を買えば，その地域のお金は他の地域に流出することなく地域内で循環するため，地産地消(地元で生産した農産物を地元で消費すること)と密接に結びついているといえる。

4 (1) 表１で，水の重さが 10 g のとき，上昇《じょうしょう》した温度が５℃大きくなると，エネルギーの量は 210 J 大きくなるから，アには15℃のときより 210 大きい 840 が当てはまる。同様に，水の重さが 30 g のとき，上昇した温度が５℃大きくなると，エネルギーの量は630 J 大きくなるから，イには５℃のときより 630 大きい 1260 が当てはまる。

(2) 表２は，１gの金属を１℃上昇させるために必要なエネルギーの量をまとめたものだから，この値が小さいものほど，温度が上がりやすいということである。したがって，同じ量のエネルギーを加えたときに温度が一番上昇する(温度が上がりやすい)のは，表２の値が一番小さい銀である。

(3) A．１gの銅を１℃上昇させるには 0.38 J 必要だから，150 g の銅を 10℃上昇させるには 0.38×150×10＝570(Ｊ)必要である。B．１gのアルミニウムを１℃上昇させるには 0.88 J 必要だから，50 g のアルミニウムを15℃上昇させるには 0.88×50×15＝660(Ｊ)必要である。C．表１より，840 J である。以上より，C＞B＞Aが正答となる。

5 (1) 長い針は１周 40 秒だから，２周するのに 40×２＝80(秒)かかる。１分＝60 秒だから，80 秒＝１分 20 秒

(2) 短い針は１周６分＝(６×60)秒＝360 秒だから，この間に長い針は 360÷40＝９(周)する。

(3) 長い針は１秒に$\frac{360}{40}$＝９(度)進み，短い針は１秒に$\frac{360}{360}$＝１(度)進むから，２つの針が１秒間に進む角度の和は９＋１＝10(度)である。長い針と短い針が重なるまでに２つの針が動く角度の和は 360 度だから，求める時間は，360÷10＝36(秒後)である。

(4) (3)の解説をふまえる。２つの針が１秒間に進む角度の和は 10 度だから，５分後＝(５×60)秒後＝300 秒後だと進む角度の和は 10×300＝3000(度)になる。進む角度の和が 360 度になるごとに２つの針が重なるから，
3000÷360＝８余り 120 より，８回重なったあとに２つの針がつくる角度が 120 度になる。
よって，求める角度は 120 度である。

6 (1) 立憲君主制について「国民が，それぞれの権利を実現するために，国の自由と独立をはかり，君主もまた人々の力を十分に伸ばす良い政治」と言っているから，ウを選ぶ。なお，民主制については「最良の体制とは言えず」，君主制については「良くない君主が権力をにぎると恐ろしいことになります」と低く評価している。

(2) エ．bとdが正しい。　b．伊藤博文は「国民が国の政治について理解できるようになってから，国会を開くべき」，大隈重信は「国会をすぐに開設すべき」と言っている。　d．大隈重信は「制度を変えなければ，人々は制度を変えることばかりを考えるようになり，本当に必要な外国と対等に向き合うこと…を考えなくなってしまいます」と言っている。　a．伊藤博文は「国会を開くことには私も大賛成です」と言っているので，「国会開設そのものに強く反対していた」が誤り。　c．伊藤博文は「すでに行われている地方の議会」と言っているので，「議会が開かれていなかった」が誤り。

(3) 資料１に「当時の日本には，欧米の国々とちがって，憲法がなかったため，イギリスをはじめとする多くの国々は，日本との条約を改正することに強く反対していました」とあることと，資料４で1889年に「大日本帝国憲法が発布され」ていることを関連付けて考える。

《解答例》

(例文)

選んだ意見の番号…２

私は子供どうしが話し合う時間を多く取るのがよいという意見に賛成です。

なぜなら、他の人の意見も聞くことで、自分だけで考えるよりも理解が深まるからです。

私は国語の授業で『ごんぎつね』について話し合ったことがあります。場面ごとに、ごんと兵十がどんな気持ちだったのかを考え、まず自分でプリントにまとめます。その後で、グループになってプリントを見せ合い、相手と同じように書いたところと、ちがうことを書いたところを確認します。そして自分の考えについて説明し合います。そうすることで、自分では気づかなかった、新たな発見がありました。

先生の説明を聞くだけでは受け身になってしまい、説明された内容以上のことを理解することはなかなかできません。しかし、話し合いをすれば、自分で積極的に考えることができるし、他の人の意見にえいきょうされて、新たな疑問や考えがうかんできます。話し合いによって得られることは多いと思うので、様々な授業で取り入れてほしいです。

《解答例》

1　⑴「宇(ウ)」と「多(タ)」を組み合わせる。→「ウタ(歌)」

⑵②の方法…あの時計は正確だ。　③の方法…「正解」の「正」と、「確実」の「確」

⑶私は、夕方のニュース番組を見た。

2　⑴ア．300　イ．293　ウ．7　エ．5　オ．15

⑵[カ，キ，ク]　[3，196，8]／[4，183，9]／[5，170，11]／[6，157，11]／[7，144，12]／[8，131，13]／[9，118，13]のうち1つ

3　⑴ア，イ　⑵エ　⑶はい気ガスを減らすことができるから。

4　⑴

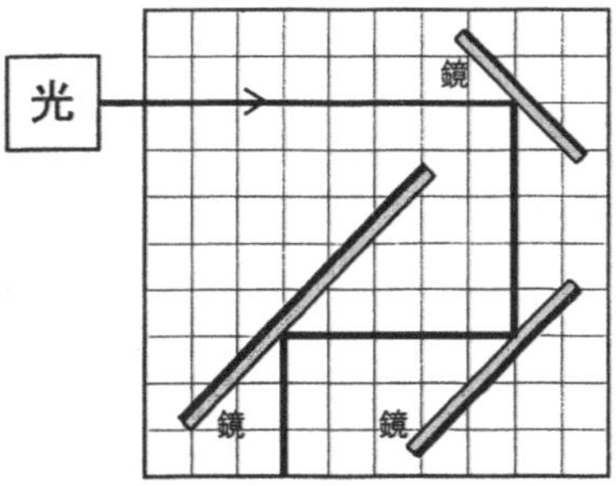

⑵ア．むらさき　イ．黄　ウ．赤

5　⑴12.28　⑵14.28　⑶20.56

6　⑴ウ

⑵

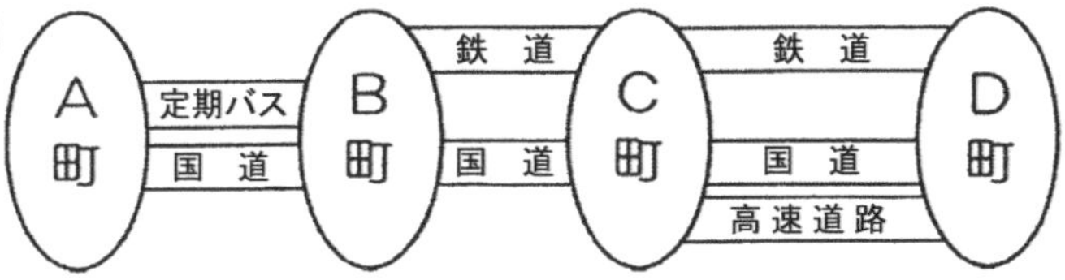

《解　説》

1　⑴　「もとになった漢字の音《おん》読みと同じ音《おと》」を表すことが大きなヒントになる。「久」の音読みは「キュウ」と「ク」。「多」の音読みは「タ」、「宇」の音読みは「ウ」である。この「ク」「タ」「ウ」を組み合わせて答えを作る。解答例の他に「多（タ）」と「久（ク）」を組み合わせる→「タク（宅）」、「久（ク）」と「宇（ウ）」を組み合わせる→「クウ（空）」などが考えられる。

⑶　「ニュース」なら解答例の他に「ニュース速報」など、「ピアノ」なら「ピアノ演奏」、「電子ピアノ」など、エネルギーなら「電気エネルギー」、「自然エネルギー」などが考えられる。

2　⑴ア　20回すべて表が出ると数の大きい方へ5×20＝100マス進めることになるから，200＋100＝300

イ　表が20－1＝19(回)，裏が1回出ることになるから，200＋5×19－2×1＝293

ウ　アとイの結果を比べると，300－293＝7とわかる。

エ　全部表が出たときとひろしさんが進んだマスの数の差は 300－265＝35(マス)だから，35÷７＝５(回)

オ　全部で 20 回コインを投げているので，20－５＝15(回)

⑵　例として，カに３を当てはめた場合のキ，クを考える。カに４～９を当てはめた場合も，同様に計算できる。

キ　ひろしさんのコインは７回表が出て，20－７＝13(回)裏が出たので，200＋５×７－３×13＝196

ク　１回の裏を１回の表と入れかえると，コインを置くマスの数は５＋３＝８大きくなる。200－196＝４だから，表があと１回増えればよい。よって，７＋１＝８(回)

3　⑴　ア．正しい。2000 年の「牛乳と乳製品」の日本の一人１日当たりの食料自給量は約 250ｇなので，200ｇを上回っている。　イ．正しい。「米」の日本の一人１日当たりの食料自給量はそれぞれ，1970 年が約 260ｇ，2010 年が約 180ｇであり，2010 年の方が 50ｇ以上少ない。　ウ．誤り。「肉類」の日本の食料自給率はそれぞれ，2010 年が約 55%，1990 年が約 70%であり，2010 年は 1990 年の半分(35%)より多い。　エ．誤り。日本の食料自給率は，「米」については 1980 年から 1990 年にかけてほとんど変化がなく，「肉類」については 2000 年から 2010 年にかけて増加している。

⑵　資料１より，1970 年と 1980 年の果実の自給率が 80%程度であることから，輸入量は 100－80＝20(%)程度となる。よって，果物の輸入量はそれぞれ，1970 年が 547×0.2＝約 109，1980 年が 620×0.2＝約 124 となり，エのデータが最も近くなる。

⑶　資料３の注釈より，フードマイレージが食料輸入量の重さに輸送距離をかけた値であることに着目しよう。輸送距離が長くなるほど，食料を輸入する際に使う飛行機，船，トラックなどによる二酸化炭素の排出量が増えるので，環境に与える悪影響も大きくなる。世界全体で，地元で作られたものを地元で食べる「地産池消」などに取り組みフードマイレージを減少させれば，二酸化炭素の排出量も減らすことができるため，地球温暖化対策につながる。解答例のほか，「二酸化炭素の排出量を減らすことができるから。」なども良い。

4　⑴　図１のＡを入射角，Ｂを反射角という。表からもわかるとおり，光が反射するときには入射角と反射角の大きさが必ず等しくなる。ここでは，すべての鏡で入射角が 45°になるので，入射角と反射角の合計は 45＋45＝90(°)になり，光が直角に曲がるように進んでいく。

⑵　図２で，プリズムの中に進んだ光は空気とプリズムの境目で折れ曲がっている。光がこのように進むことを屈《くっ》折《せつ》という。図２より，最も折れ曲がる角度が大きい光がむらさきで，最も折れ曲がる角度が小さい光が赤だとわかる。したがって，図３で，最も折れ曲がる角度が大きいアがむらさき，最も折れ曲がる角度が小さいウが赤，イが黄である。なお，虹《にじ》は１つの雨つぶからすべての光が届くのではなく，上の方にある雨つぶから折れ曲がる角度が小さい赤の光が届き，下の方にある雨つぶから折れ曲がる角度が大きいむらさきの光が届くため，一番上が赤，一番下がむらさきに見える。

5 ⑴ 右図の太線部分の１つは，円の半径２つ分なので２㎝である。斜線《しゃせん》部分のおうぎ形１つの中心角は $360-90\times2-60=120$(度)だから，$120\times3=360$(度)より，３つをまとめると円になる。これより，曲線部分３つをまとめると直径２㎝の円の円周と等しくなる。

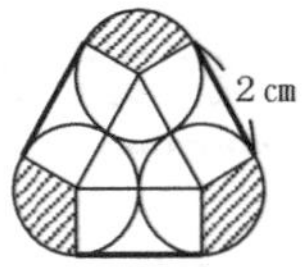

よって，$2\times3+2\times3.14=12.28$(㎝)

⑵ 右図の太線部分の１つは，円の半径２つ分なので２㎝である。斜線部分のおうぎ形１つの中心角は $360-90\times3=90$(度)だから，$90\times4=360$(度)より，４つをまとめると円になる。これより，曲線部分４つをまとめると直径２㎝の円の円周と等しくなる。

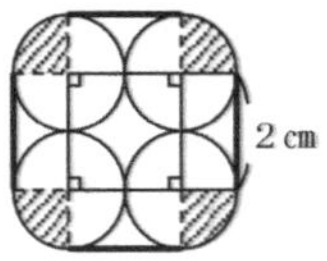

よって，$2\times4+2\times3.14=14.28$(㎝)

⑶ 右図Ⅰのように１円玉の中心を点線で結ぶと正三角形ができる。太線部分の１つは正三角形の１辺の長さと等しく，この長さは円の半径４つ分なので４㎝である。斜線部分は中心角が120度のおうぎ形だから，これらの曲線部分を３つまとめると直径２㎝の円の円周と等しい。また，図Ⅱの斜線部分のおうぎ形は中心角の合計が $90+180+90=360$(度)となるため，太線部分の長さは直径２㎝の円周と等しい。

図Ⅰ

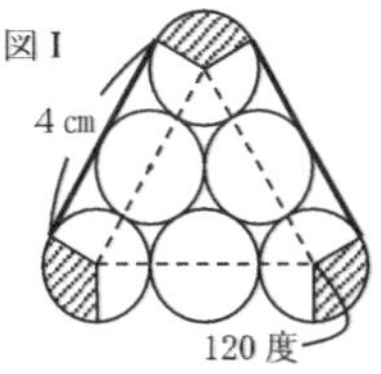

図Ⅱ

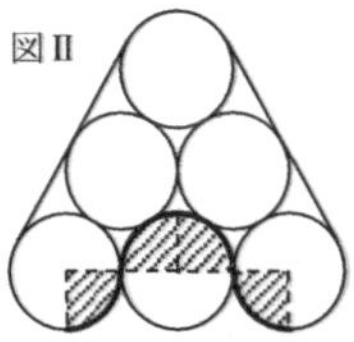

よって，求める長さは，$4\times2+2\times3.14+2\times3.14=8+(2+2)\times3.14=20.56$(㎝)

6 ⑴ 資料１を右図のようにまとめる。

資料２より，定期船がＡＢ間にはあり，ＢＤ間にはないことから，1942年より後で，1985年より前とわかる。また，ＡＤ間すべてに国道があることから，1958年より後とわかる。

よって，ウが正しい。

⑵ 現在の交通路は右図の2013年までグラフが伸びているものである。ＡＤ間の国道はすでに書かれているので，★印をつけたものを書き加えればよい。

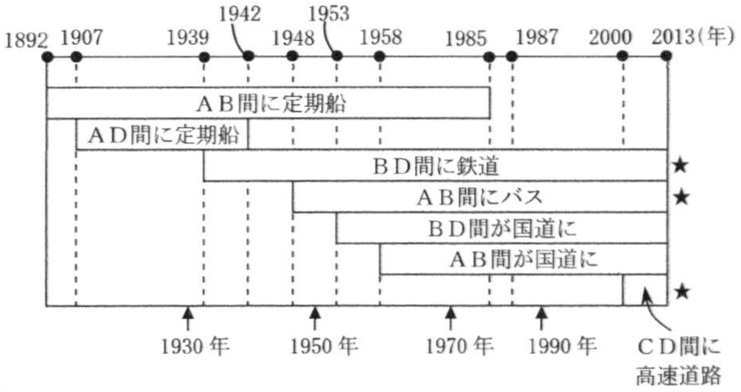

《解答例》

選んだ意見の番号…２

(例文)

　私は、図書館で一度に借りられる本の冊数は、制限しなくてもよいという意見に対して、賛成できません。

　なぜなら、市立図書館で、一度に借りられる本の冊数を制限しなかったことで問題が起こるようになり、制限するようにしたという話題を聞いたことがあるからです。冊数を制限する前に起きた問題とは、たとえば、本を数十冊まとめて借りて、期限内に読み終わらなくて長期間返さない人や、図書館に行くたびに本を借りてしまい、何を借りているのかわからなくなってしまう人などが年々増えたことです。その結果、貸出期限を過ぎた本が増えてしまい、予約した本が借りられないという苦情が寄せられるようになったとのことです。

　図書館が家から遠い人は、何度も足を運ぶのが大変なのかもしれません。借りたい本を一度にたくさん借りることができれば、確かに便利かもしれません。しかし、図書館の本は市民の共有の財産だと思います。一部の人だけでなく、みんなが気持ちよく、便利に使えるようにするために、一度に借りられる本の冊数は、制限するほうがよいと思います。

愛媛県立中等教育学校　2017 平成29年度　適性検査

《解答例》

1　(1)以降　(2)笑いながら本を読んでいる弟を、父はながめていた。　(3)一つ目のとらえ方…妹は、姉と同じでうまくピアノをひくことができない。　二つ目のとらえ方…妹は、姉ほどうまくピアノをひくことができない。
(4)Bさんと、自分の父親とが、劇団の両輪であった。(下線部はAさんでも可)

2　(1)Aさん…4　Bさん…2　Cさん…7　(2)奇数か偶数か…奇数　理由…Aさん、Bさん、Cさんの帽子に書かれた数がすべて偶数だったから。　(3)Aさん…7　Bさん…6　Cさん…5　Dさん…2

3　(1)1番…カエルやイモリの仲間　2番…ほにゅう類　(2)ア．クマの出没件数が多い　イ．秋　ウ．冬　エ．冬眠　オ．出産　カ．ドングリなどの木の実をたくさん食べる

4　(1)ふりこの長さが長いほど、ふりこが1往復するのにかかる時間が長くなる。　(2)三つの実験では、ふれはばだけでなく、おもりの重さも異なっているから。　(3)紙を100枚重ねて、定規で厚さをはかったものを100で割る。
(4)2.5

5　(1)6　(2)1　(3)4、6、4、6、4、…となり、4と6がくり返される。　(4)25

6　(1)第一次世界大戦が始まったこと。　(2)できごと…日本が、日系ブラジル人とその家族の無制限の受け入れを始めたこと。　資料…1，2　(3)理由…工業がさかんな所なので、仕事が得られるから。　資料…4

《解　説》

1　(1)　他に、意向、遺構などが考えられる。

(2)　この文章は、「父はながめていた」という主語・述語の間に、「笑いながら本を読んでいる弟を」という部分がはさまっているので、笑っているのが父なのか弟なのかはっきりわからなくなっている。だから、「父は」という部分を移動させることで、意味がはっきりとする。

(3)　「姉のように」が表す内容がはっきりしないので、二通りのとらえ方が出てくる。

(4)　新聞記事の内容を整理すると、次のようになる。Bさんは「劇団創立者《げきだんそうりつしゃ》の一人で1967年に(Aさんと)仲たがいして別れた」人物である。「自分の父親」は、「Bさんと劇団の両輪だった」人物である。そして、Aさんは、Bさんから11の役を引き継《つ》ぎ、さらに父親から20の役を引き継いだ人物である。これらの情報から条件に合う内容を書く。

2　Aさん，Bさん，Cさん，Dさんそれぞれの帽子に書かれた数を a，b，c，d とする。

(1)　Bさんのセリフから a は1～4のどれかとわかる。Cさんのセリフから a は3～7のどれかとわかる。これらを合わせると，a は3か4にしぼられ，Dさんのセリフから $a=4$ とわかる。
よって，$b=4-2=2$，$c=4+3=7$

(2)　1から7までの整数のうち，奇数は1，3，5，7の4つ，偶数は2，4，6の3つしかないことに注目して考えるとよい。

(3)　Cさんのセリフから a は6か7にしぼられ，さらにBさんのセリフから $a=7$ とわかる。したがって，$d=7-5=2$ である。Dさんのセリフから $c\times3$ と $a+c+3=7+c+3=c+10$ が等しいとわかる。$c\times3=c+c+c$ だから，$c+c+c=c+10$ より，$c+c=10$，$c=5$ とわかる。$c=5$ と $d=2$ の両方よりも大きい

数は６しか残ってないから，ｂ＝６である。

3 (1) 五つのグループそれぞれについて，絶滅危惧種と準絶滅危惧種を合わせた数の，全種数に対する割合を求める。ほにゅう類は$\frac{13+2}{60}$＝0.25，鳥の仲間は$\frac{42+18}{336}$＝0.17…，トカゲやヘビの仲間は$\frac{2+2}{18}$＝0.22…，カエルやイモリの仲間は$\frac{6+4}{18}$＝0.55…，昆虫の仲間は$\frac{106+108}{8010}$＝0.02…となるので，１番目に大きいグループはカエルとイモリの仲間，２番目に大きいグループはほにゅう類である。

(2) ア．資料２より，ドングリ類が凶作の 2006 年、2008 年，2010 年(特に 2010 年)は，豊作の 2005 年，2007 年，2009 年に比べて，クマの出没件数が多いことがわかる。イ．資料３より，クマの出没件数は 10 月(秋)に最も多いことがわかる。ウ～オ．資料４より，クマは冬に冬眠したり出産の時期を迎えたりすることがわかるので，ウは冬，エ，オは冬眠と出産が入る。カ．冬の冬眠や出産に備えて秋にすることであり，資料３より，秋にクマが食料を求めて行動範囲を広げて人里に出没することがわかっていることから，資料４の秋の言葉が入る。

4 (1) 表の実験４，実験５，実験６を比べると，おもりの重さは 60 g で等しく，ふれはばも 30° で等しいが，おもりの長さだけが実験４では 30 cm，実験５では 40 cm，実験６では 50 cmでことなる。その結果，１往復にかかった時間は，実験４は 1.1 秒，実験５は 1.3 秒，実験６は 1.4 秒となったのだから，ふりこの１往復にかかる時間は，ふりこの長さに関係する(ふりこの長さが長いほど１往復にかかる時間が長くなり，ふりこの長さが短いほど１往復にかかる時間が短くなる)ということがわかる。

(2) 表の実験１，実験６，実験７を比べると，ふれはばは 15° と 30° と 10° でことなっているが，おもりの重さも 30 g と 60 g と 120 g なのでことなっている。１往復するのにかかる時間がふれはばと関係がないことを調べるためには，おもりの重さをそろえて，ふれはばだけがことなるようにしなければいけない。

(3) １個の重さや１枚の厚さがわずかなとき，正確にはかりとるのはむずかしい。大量にまとめた量を１回ではかってから，それを総数で割って計算すれば，１回ではかったときの誤差も総数で割られて小さくなるため，誤差が少なくすむことになる。

(4) 左半分は長さ 50 cmのふりこ，右半分は長さ 50－20＝30(cm)のふりことして計算することができる。左の半往復にかかる時間は 1.4÷２＝0.7(秒)，右の半往復にかかる時間は 1.1÷２＝0.55(秒)なので，１往復では 0.7＋0.55＝1.25(秒)となり，２往復では 1.25×２＝2.5(秒)である。

5 (1) ４×４＝16 より，４★２＝６

(2) 17★３＝３だったから，３×７＝21 より，17★４＝１

(3) 14★１＝４である。４×４＝16 より，14★２＝６である。６×４＝24 より，14★３＝４である。したがって，４と６が交互《こうご》に表れるとわかる。

(4) △に１から順に整数を入れて答えを調べると，右表のようになる。したがって，最初に答えが２になるのは△＝１のときであり，そのあとは入れる整数が４大きくなるごとに答えが２になる。答えが２になるような最大の△は，(100－１)÷４＝24 余り３より，１に４を 24 回足した１＋４×24＝97 である。
よって，求める個数は，１＋24＝25(個)

計算式	調べるための計算	答え
２★１	２	２
２★２	２×２＝４	４
２★３	４×２＝８	８
２★４	８×２＝16	６
２★５	６×２＝12	２
⋮	⋮	⋮

6　(1)　問題文中の４行目に「1916 年」とあることに着目する。資料１をみると，1916 年に最も近いできごとは「1914 年」に起こった第一次世界大戦なので，このできごととからめて解答をまとめればよい。なお，資料１で，第二次世界大戦中の 1944 年にロンドンオリンピックが中止となっていることもヒントである。

(2)　資料２をみると，1989 年以前は日本に住むブラジル人がわずかだったのに対し，1989 年以降は日本に住むブラジル人の数が大きく増加したことがわかるので，この年のできごとを資料１から探せばよい。

(3)　「『外国人集住都市会議』に加盟している市町に住んでいるブラジル人の人数」に記されている県は，静岡県・愛知県・三重県・岡山県・滋賀県・岐阜県・群馬県・長野県である。これらの県と資料３～５で重複している県の数が最も多い資料を結びつけて考えればよい。資料３で重複しているのは静岡県・群馬県・長野県の３県，資料４で重複しているのは静岡県・愛知県・三重県・岡山県・滋賀県・群馬県の６県，資料５で重複しているのは０県だから，日系ブラジル人が多く住んでいるのは，生産年齢人口一人あたりの年間工業生産額が多い県だと判断できる。生産する工業製品にもよるが，１日中ラインを動かす工場では，昼間だけでなく夜間も働ける労働力を必要としている。日系ブラジル人は，工場での仕事を通じて，仕事を得ることが多い。

愛媛県立中等教育学校　2017 平成29年度　作文

《解答例》

（例文）　選んだ意見の番号…１

私は「食事をするときは、テレビを消すのがよい。」という意見に賛成です。

私の家では、一年前まで食事をするときにテレビをつけていました。しかし、母からテレビを消そうという提案がありました。せっかく家族全員がそろう時間なので、それぞれのその日にあった出来事をもっと話したり聞いたりしたいからという理由でした。最初は、テレビを消すととても静かになるので、慣れるまで物足りない気がしました。しかし、少しずつ、自分が話すことも家族の話を聞くことも、楽しくなりました。父は「会話が増えたね。楽しくて仕事のつかれがとれるよ。」と言っています。私も今まで以上に家族の良さを感じるようになりました。また、テレビをつけていたころは、テレビ番組の内容に集中して、食事を味わっていなかったことに気づきました。毎日作ってくれる母や食材に感謝する意味でも、ていねいに味わって食べる方がいいし、その方がおいしいということもわかりました。だから、食事をするときはテレビを消すのがよいと考えます。

たしかに、家族がいっしょにテレビを見ながら盛り上がるのも楽しいです。しかし、それは食事中でなくてもできることです。私は、両方を経験しましたが、視線の先にテレビがあるより、家族の顔がある方が幸せだと思っています。

《解答例》

1　⑴予想外の　⑵①日本の勝利を世界も賞賛している　②日本が南アフリカに逆転勝ちした
⑶好きだった遊びが何であったか

2　⑴ア．２　イ．１　ウ．40　⑵３　⑶水につかっている部分の体積がそれぞれ違う

3　⑴健全な食生活を心がけている人の割合が、最も小さい　⑵週に４日以上料理をつくる人の割合が大きい
⑶正しいか正しくないか…正しくない
その理由…知識が「あまりない」や「全くない」と感じている男性の割合は、30～39 歳が最も大きいから。

4　⑴ア．95　イ．100　⑵ウ．卵白　エ．卵黄
⑶オ．65　カ．70　キ．80℃の湯を加えて調節し　ク．25

5　⑴右図　⑵２個，３個，４個，５個，６個　⑶８

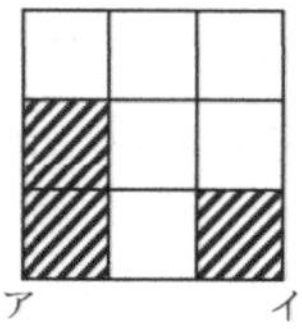

6　⑴津波　⑵②　⑶エ　⑷(版画として)大量につくられたから。／安かったから。
⑸家具が倒れないように、器具で固定しておく。

《解　説》

1　⑴「番狂わせ」は、勝負事で予想外の結果がでること。「新聞１や新聞２の見出しで使われている言葉は使わない」という条件があるので、「逆転」などの言葉は使わないこと。

⑵①　新聞２になく、新聞１にある情報は、「世界も賞賛」の部分。新聞２には、日本が世界からどう評価されたかは書かれていない。

②　新聞１になく、新聞２にある情報は、「南アフリカを逆転」の部分。両方の見出しとも、南アフリカという強豪《きょうごう》チームに日本が勝ったことは伝わるが、新聞１には「逆転」して勝ったという情報はない。

⑶　「発表！子どものころ好きだった遊びベストテン！」と「昔　好きだった遊び　男子こま回し　女子ゴムとび」という見出しを比べ、後の見出しでは何が具体的に伝わるようになったかを考える。すると後の見出しからは、男子はこま回しが、女子はゴムとびが好きだったということ、つまり「好きだった遊びが何であったか」ということが具体的に伝わる。

2　⑴　水を入れる時間に比例して水面の高さは高くなるから，水を入れ始めてから水そうが満杯になるまでに，$1\times\frac{15}{5}=3$(分)かかる。よって，アは$3-1=2$(分)である。
水を入れる時間に比例して水の体積は増えるから，水が５Ｌ入るのに，$1\times\frac{5}{3}=\frac{5}{3}=1\frac{2}{3}$(分)かかる。
$\frac{2}{3}$分$=(60\times\frac{2}{3})$秒$=40$秒だから，イとウは１分40秒である。

⑵　右図のように記号をおく。この状態の水の体積は，底面が三角形ＥＦＧで高さが20㎝の三角柱の体積と等しく，$(12\times15\div2)\times20=1800$(㎤)
したがって，水そうを元どおりに水平の状態に戻すと，水面の高さは，$1800\div(20\times30)=3$(㎝)になる。

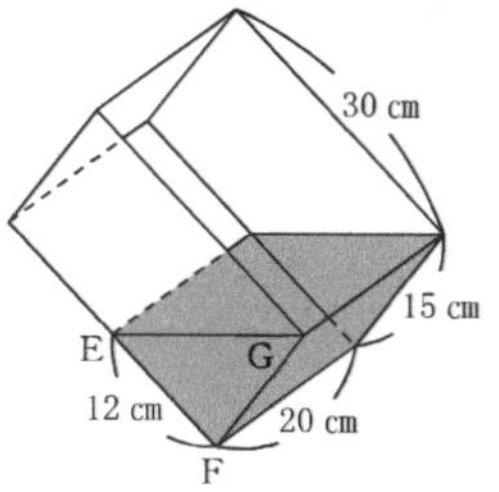

⑶　直方体を置くことで，右図の斜線部分にあった水が点線よりも上の部分に移動すると考えると，斜線部分の体積が大きい方が水面の高さが上がることがわかる。

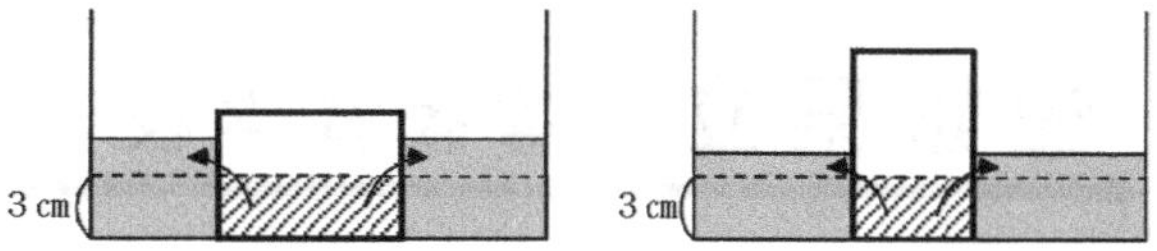

3　⑴「健全な食生活」を心がけていると言えるのは，「非常に心がけている」と「心がけている」にあてはまる人々である。20～29 歳の年代の男性では，9.7＋34.7＝44.4(%)であり，これは 30 歳以上の全ての年代の男性と比べて，最も低い値となっている。

⑵　栄養バランスに対する意識が高い人ほど，料理を作る割合が高くなっていることに着目しよう。

⑶　資料３を見ると，20～29 歳男性の「あまりない」と「全くない」の割合の合計は 54.1%であり，30～39 歳男性の割合の合計の 59.8%を下回っている。

4　⑴　表で，10 分後に卵白と卵黄がともに●になっているのは，湯の温度が 95℃以上 100℃未満のときである。

⑵　表で，湯の温度が 70℃以上 75℃未満のときは 20 分後に先に卵白が●に，75℃以上 80℃未満のときは 15 分後に先に卵白が●になっている。さらに湯の温度が高いときの結果を見ると，いずれも卵白が先に●になっているので，卵白の方が卵黄より早く固まることがわかる。　⑶卵白が△，卵黄が●になるのは，湯の温度が 65℃以上 70℃未満で 25 分以上ゆでたときである。この温度を 25 分間保つことができれば，卵白が半熟，卵黄が固まった状態の卵をつくることができる。適切な湯の温度を保つ方法については，温度が高すぎる湯を加えると，湯が冷める前に卵白が固まってしまうので注意しよう。

5　⑵　右図はＣの方向から見た図であり，箱の底面を９等分してそこに図のように番号をふる。図７より，⑦～⑨には積み木が置かれておらず，２個以上の積み木が上下に重ねて置かれていることもないとわかる。したがって，①～③に少なくとも１個，④～⑥に少なくとも１個置かれていることになる。よって，考えられる最も少ない個数は１＋１＝２(個)，最も大きい個数は，①～⑥に１個ずつ置かれている場合の６個であり，３～５個の置き方も考えられる。

Ｃの方向

①	④	⑦
②	⑤	⑧
③	⑥	⑨

⑶　⑵の解説と同様に，箱の底面に番号をふる。

図８のＢの方向の見え方とＣの方向の見え方から，②，③，⑧，⑨には積み木はなく，⑤，⑥には１個ずつ置かれており，①，④，⑦には１個以上置かれているとわかる。

さらにＡの方向の見え方を合わせて考えると，箱は右図のように置かれているとわかる(数字は上下に重ねて置かれている積み木の個数を表している)。

よって，求める個数は，１＋３＋２＋１＋１＝８(個)

Ｃの方向

1	3	2
	1	
	1	

6　⑴「押し寄せ」や，太平洋沿岸ではほとんどの地域で地震の影響によって被害が記録されることから考える。津波は，地震の発生にともなって起こる自然災害である。

⑵　資料２中に「平家」とあることに着目する。ここでいう「平家」とは，1185 年の壇ノ浦の戦いで滅ぼされた平氏一門のことである。したがって，②が正答となる。

⑶　雪舟と足利義満は，ともに室町時代の人物である。資料１を見ると，1358 年に足利義満が生まれたとあるので，この絵が描かれたのはエの時期だとわかる。

⑷　資料３から，浮世絵は大量につくられたものだったことがわかり，資料４から，比較的安い値段で売られていたことがわかる。

⑸　解答例のほか，２位の「たなの上からの落下物があたった」ことによるケガを防ぐためには，「たなの上に重いものを置かないようにする」「たなの上のものは器具で固定しておく」などの対策が必要である。また，３位の「落下したガラスがあたったり，踏んだりした」ことによるケガを防ぐためには，「ガラス飛散防止フィルムを貼る」「厚手のカーテンを付ける」などの対策が必要である。

《解答例》

(例文)　練習

私は小学校に入った時からピアノを習っている。ピアノをひけるようになりたいと言って自分から始めたのに、次第に家で練習しなくなっていった。毎週出される課題をこなせないことも多かった。

そのような時、ピアノの発表会に出ることになった。私はそれまで大勢の人の前でピアノをひいたことがなかったので、とても不安になってしまった。きん張で指がふるえて、ピアノがひけなくなってしまうかもしれないと先生に言うと、「きん張するのは悪いことじゃないの。きん張するのは、良い演奏をしようとする気持ちがある証こなんだよ。きん張しても失敗しないためには、何度も何度も練習しておくこと。そうすればきん張していた方が、むしろいい演奏ができるよ！」と言ってくれた。その言葉を聞いて、私は初めて練習の大切さを知った。それからは毎日練習し、うまくひけないところは、先生にくり返し見てもらった。

そしてむかえた本番の日。ぶたいのはしから客席を見ると、想像以上に多くの人が来ていた。私は手に冷やあせをかき、ものすごくきん張していた。すると、先生が来て「今までたくさん練習してきたのだから、絶対だいじょうぶ。うまくいくよ！」と声をかけてくれた。すると不思議と心が落ち着き、最後まで失敗せずひくことができた。

私はピアノの先生のおかげで練習の大切さを知り、本番で成功することができた。ピアノだけでなく、どんなことでも本番で力を出すためには、練習が一番大事だと思う。

《解答例》

1 ⑴ア．塩　イ．ふりかける　⑵①窓ががたがたと音を立てる。　②窓がかたかたと音を立てる。
⑶「あははと笑う」…ごう快に笑う様子。　「うふふと笑う」…上品に笑う様子。

2 ⑴100　⑵あきらさん…100　かずこさん…100　さおりさん…50　ただしさん…50　なおみさん…100
はるおさん…50　⑶A→A→A→B→B→B／A→B→A→A→B→B／A→A→B→B→A→B

3 ⑴下図　⑵こまめに水分をとる。　⑶スーパーマーケットの出入口に近いこと。／となりに車が止まっていても，乗りおりがしやすいように，広くなっていること。　⑷⑥

4 ⑴4　⑵①D　②C　③B　イ．住宅地　⑶水の色を調べる。／水のにおいを調べる。

5 ⑴20　⑵2，4，5，6，10　⑶3，6　⑷10＋11＋12＋13＋14

6 ⑴エ　⑵下図　⑶フォッグたちは地球の自転と同じ方向に一周したが，マゼランの船団は，その逆の方向で一周したため。　⑷核兵器をなくし，世界平和を守ることの大切さを伝えるため。

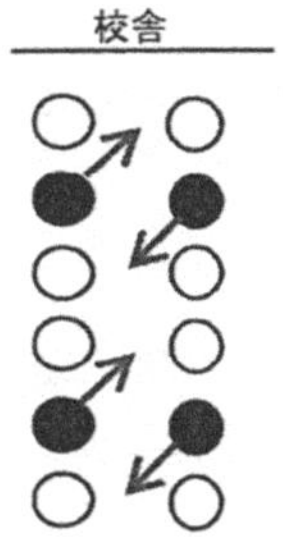

3⑴の図

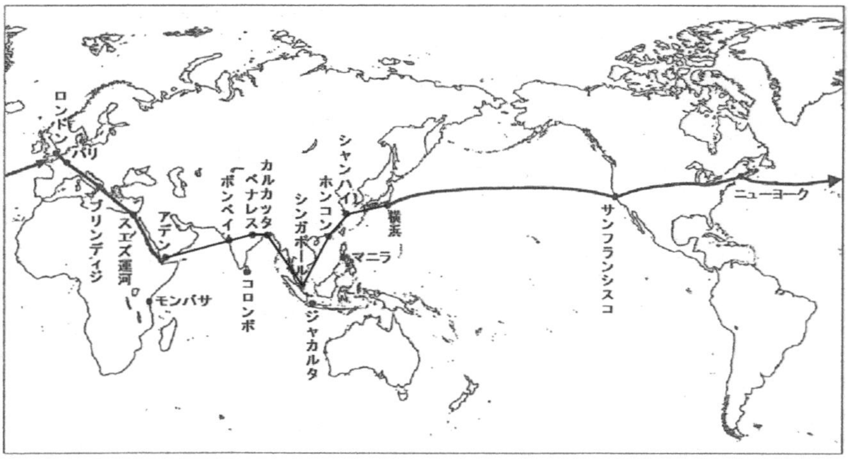

6⑵の図

《解　説》

1　⑴　条件「小さなものが散らばりながら続けて落ちる様子やその音」「(ア には、)会話文に出てきた言葉や『小さなもの』という言葉以外の言葉を使う」を必ず満たすこと。よって、「雨(のしずく)・あられ・ひょう」は使えない。「塩」の他に、「ごま塩・砂糖・砂」など。

⑵　条件「にごるときとにごらないとき」「会話文や例に出てきた言葉以外の言葉を使う」「音や様子を表す言葉でない部分(～)は、二つの文で全く同じ言葉にする」を必ず満たすこと。「がたがた・かたかた」の他に、「げらげら・けらけら、ぎらぎら・きらきら、ぐるぐる・くるくる」など。

⑶　辞書では「あはは…口を大きくあけて高く笑う声を表す語」「うふふ…思わずもらす低い笑い声を表す語」とある。解答例の「ごう快に」「上品に」など様子を表す言葉を適切に用いることが求められている。「笑うときの表現」だけでも他にもたくさんある。「にやにや・へらへら・くすくす・いひひ・うひひ・えへへ・おほほ・ははは・ひひひ・ふふふ・へへへ」(と笑う)など。日頃から、「音や様子を表す言葉」を意識して、それぞれの言葉の「伝わる感じ」のちがいを生かして使い分けるようにしておこう。

2　⑴　選んだ4人の合計金額が最も多くなるのは，1人が50円硬貨1枚だけを持っている人で，残りの3人が100円硬貨1枚だけを持っている人の場合である。また，選んだ4人の合計金額が最も少なくなるのは，3人が50円硬貨1枚だけを持っている人で，残りの1人が100円硬貨1枚だけを持っている人の場合である。
したがって，求める金額の差は，100円硬貨1枚だけを持っている2人と，50円硬貨1枚だけを持っている2人の合計金額の差に等しく，100×2－50×2＝**100(円)**

⑵　③から，なおみさんは**100円**硬貨を，はるおさんは**50円**硬貨を持っているとわかる。
①において，3人ずつの所持金の合計の差が50円となるのは，100円硬貨を持っている2人と50円硬貨を持っている1人の組と，100円硬貨を持っている1人と50円硬貨を持っている2人の組に分かれたときだから，あきらさん，かずこさん，さおりさんの持っている硬貨の組み合わせは100円硬貨2枚，50円硬貨1枚であり，ただしさん，なおみさん，はるおさんの持っている硬貨の組み合わせは100円硬貨1枚，50円硬貨2枚である。
このことと，②から，あきらさんとかずこさんは**100円**硬貨を持っているとわかり，さおりさんは**50円**硬貨を持っていることになる。すると，ただしさんは**50円**硬貨を持っていることになり，これは①と③からわかることと一致する。

⑶　はじめに何人かのAの人が買えば，それと同じ人数のBの人が買うことができるようになるから，解答例のようになる。なお，A→A→B→A→B→Bも可。

3　⑷　影は，太陽がある方向と反対の方向にできる。午前9時の影が②の方向にできたので，太陽はその反対側の⑤の方向にある。正午ごろになると太陽は真南にあるので，影は真北にできる。その後，太陽は西の空に移動していくので，影の方向は北から東へと変化していく。このとき，午前9時から正午までの3時間で影が動いた角度と，正午から午後3時までの3時間で影が動いた角度はほぼ同じになるので，午後3時の影は⑥の方向にできると考えられる。

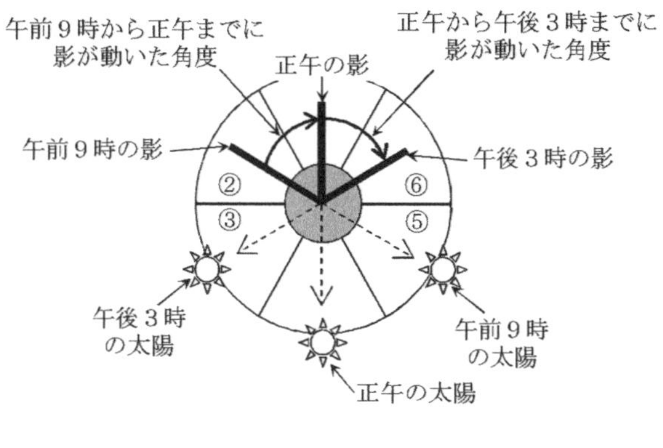

4　⑴　○＋○＋●＝１＋１＋２＝４(点)

⑵　地点Ｂの水質階級は，Ⅰが２点，Ⅱが１点，Ⅲが４点，Ⅳが２点なので，最も点数が高いⅢである。地点Ｃの水質階級は，Ⅱが３点，Ⅲが２点，Ⅳが１点なので，最も点数が高いⅡである。地点Ｄの水質階級は，Ⅰが３点，Ⅱが２点なので，最も点数が高いⅠである。したがって，ＡとＤの水質階級が同じで，汚れの程度が一番小さく，その後は，Ｃ，Ｂの順に大きくなっている。また，地点Ｂの汚れの程度が最も大きいことから，その上流にある住宅地が一番川の水を汚していると考えられる。

5　⑴　$60\times\frac{1}{3}=\mathbf{20}$

⑵　イに当てはまる数は，60の約数で，３以外の２以上10以下の整数である。60の約数は１，２，３，４，５，６，10，12，15，20，30，60だから，イに当てはまる数は**２**，**４**，**５**，**６**，**10**である。

⑶　100の約数のうち，２以上10以下の整数を調べると，２，４，５，10がある。したがって，ウに当てはまる数は，**３**と**６**となる。

⑷　連続する整数の個数と，それらを足し算したときの答えには，次のような法則がある。

・連続する整数が奇数《きすう》個の場合，足し算したときの答えは，(真ん中の整数)×(連続する整数の個数)

・連続する整数が偶数《ぐうすう》個の場合，足し算したときの答えは，(真ん中２個の整数の平均)×(連続する整数の個数)

これらのことから，連続する整数の個数が60の約数の１つであればよいことがわかる。したがって，60の約数のうち２以上の整数について，その数を「連続する整数の個数」としたときに，対応する「真ん中の整数」または「真ん中２個の整数の平均」の値を調べる。

すると，「連続する整数の個数」が５のときに，「真ん中の整数」として正しく対応する12が見つかるから，解答は**10＋11＋12＋13＋14＝60**になる。

6　⑴　文章の上から６行目「スエズ運河に行きました」より，フォッグたちが80日間で世界一周したのは，ウより後のできごとである。また，文章の下から１～２行目「フォッグたちが世界一周した年は，世界遺産に選ばれた富岡製糸場がつくられた年にあたります」より，富岡製糸場がつくられたのは1872年のことだから，オは誤り。したがって，エが正答。文章中で示されている移動手段が船または汽車であり，飛行機(旅客機)が用いられていないことも，エを正答と判断する際の根拠となる。

⑵　文章の上から７～10行目と，13～14行目に着目してまとめよう。地図中の，「モンバサ」「コロンボ」「ジャカルタ」「マニラ」は，文章では触れられていない都市である。

⑶　地図１と地図３を見比べて，フォッグたちとマゼランたちの進み方が正反対になっていることに着目しよう。フォッグたちのように，地球の自転と同じ方向に一周すると，見かけの速さは，自転の速さ＋移動の速さになるので，１日が24時間より短くなる。逆に，マゼランたちのように，地球の自転と逆の方向に一周すると，見かけの速さは，自転の速さ－移動の速さになるので，１日が24時間より長くなる。そのため，フォッグたちの日記の日づけは，現地(ロンドン)の人たちより１日進み，マゼランたちの日記の日づけは，現地(スペイン)の人たちより１日遅れていた。

⑷　原爆ドームは，1945年８月６日，広島に落とされた原爆の被害を後世に伝える建物である。

《解答例》

(例文)

私は運動が苦手だ。毎年の体力テストの結果も悪かった。五年生の時、これではいけないと思い、次の体力テストで記録を上げることを目標に、がんばってみようと思った。

かたい体をほぐし、筋力をつける方法はないかと思っていた時に、ラジオ体操が良いと聞いた。ラジオ体操ならば、登校前の短時間でできるので、続けられるだろうと思い、すぐに始めた。最初ははりきってやっていた。しかし、しばらくすると眠くてめんどうだと思う日が出てきて、特に休日などは、ねぼうしてやらないこともあった。まさに、この文章にある「それがなかなかできねんだなあ。」という状態だった。そんな時、姉から「自分で決めたのに、全然続かないんだね」と言われた。それがくやしくて、絶対に毎日やるのだと、改めて決意をした。その後の十カ月間は、毎日続けることができた。めんどうだと思う日もあったが、そんな時は、体力テストの結果を見て悲しむ自分の姿を想像して、やる気を出した。そのうち、ラジオ体操をしないと一日が始まらないような気持ちになり、体を動かすことが楽しくなった。そして六年の体力テストでは、四つの種目が平均値に達した。それまで平均値に達したことがなかったので、とてもうれしかった。

この文章を読んで、また、自分の体験を通して、毎日続けることはむずかしいが、強い意志を持ってやり続ければ、必ず良い結果につながるのだと感じた。中学生になっても、こつこつがんばる姿勢を大切にしたい。

■ ご使用にあたってのお願い・ご注意

（1）問題文等の非掲載

著作権上の都合により，問題文や図表などの一部を掲載できない場合があります。

誠に申し訳ございませんが，ご了承くださいますようお願いいたします。

（2）過去問における時事性

過去問題集は，学習指導要領の改訂や社会状況の変化，新たな発見などにより，現在とは異なる表記や解説になっている場合があります。過去問の特性上，出題当時のままで出版していますので，あらかじめご了承ください。

（3）配点

学校等から配点が公表されている場合は，記載しています。公表されていない場合は，記載していません。

独自の予想配点は，出題者の意図と異なる場合があり，お客様が学習するうえで誤った判断をしてしまう恐れがあるため記載していません。

（4）無断複製等の禁止

購入された個人のお客様が，ご家庭でご自身またはご家族の学習のためにコピーをすることは可能ですが，それ以外の目的でコピー，スキャン，転載（ブログ，ＳＮＳなどでの公開を含みます）などをすることは法律により禁止されています。学校や学習塾などで，児童生徒のためにコピーをして使用することも法律により禁止されています。

ご不明な点や，違法な疑いのある行為を確認された場合は，弊社までご連絡ください。

（5）けがに注意

この問題集は針を外して使用します。針を外すときは，けがをしないように注意してください。また，表紙カバーや問題用紙の端で手指を傷つけないように十分注意してください。

（6）正誤

制作には万全を期しておりますが，万が一誤りなどがございましたら，弊社までご連絡ください。

なお，誤りが判明した場合は，弊社ウェブサイトの「ご購入者様のページ」に掲載しておりますので，そちらもご確認ください。

■ お問い合わせ

解答例，解説，印刷，製本など，問題集発行におけるすべての責任は弊社にあります。

ご不明な点がございましたら，弊社ウェブサイトの「お問い合わせ」フォームよりご連絡ください。迅速に対応いたしますが，営業日の都合で回答に数日を要する場合があります。

ご入力いただいたメールアドレス宛に自動返信メールをお送りしています。自動返信メールが届かない場合は，「よくある質問」の「メールの問い合わせに対し返信がありません。」の項目をご確認ください。

また弊社営業日（平日）は，午前９時から午後５時まで，電話でのお問い合わせも受け付けています。

2025春

株式会社教英出版
〒422-8054　静岡県静岡市駿河区南安倍３丁目 12-28
TEL　054-288-2131　　FAX　054-288-2133
URL　https://kyoei-syuppan.net/
MAIL siteform@kyoei-syuppan.net

神奈川県

①[県立]相模原中等教育学校
平塚中等教育学校
②[市立]南高等学校附属中学校
③[市立]横浜サイエンスフロンティア高等学校附属中学校
④[市立]川崎高等学校附属中学校
✿⑤聖光学院中学校
✿⑥浅野中学校
⑦洗足学園中学校
⑧法政大学第二中学校
⑨逗子開成中学校(1次)
⑩逗子開成中学校(2·3次)
⑪神奈川大学附属中学校(第1回)
⑫神奈川大学附属中学校(第2·3回)
⑬栄光学園中学校
⑭フェリス女学院中学校

新潟県

①[県立]村上中等教育学校
柏崎翔洋中等教育学校
燕中等教育学校
津南中等教育学校
直江津中等教育学校
佐渡中等教育学校
②[市立]高志中等教育学校
③新潟第一中学校
④新潟明訓中学校

石川県

①[県立]金沢錦丘中学校
②星稜中学校

福井県

①[県立]高志中学校

山梨県

①山梨英和中学校
②山梨学院中学校
③駿台甲府中学校

長野県

①[県立]屋代高等学校附属中学校
諏訪清陵高等学校附属中学校
②[市立]長野中学校

岐阜県

①岐阜東中学校
②鶯谷中学校
③岐阜聖徳学園大学附属中学校

静岡県

①[国立]静岡大学教育学部附属中学校
(静岡·島田·浜松)
②[県立]清水南高等学校中等部
[県立]浜松西高等学校中等部
[市立]沼津高等学校中等部
③不二聖心女子学院中学校
④日本大学三島中学校
⑤加藤学園暁秀中学校
⑥星陵中学校
⑦東海大学付属静岡翔洋高等学校中等部
⑧静岡サレジオ中学校
⑨静岡英和女学院中学校
⑩静岡雙葉中学校
⑪静岡聖光学院中学校
⑫静岡学園中学校
⑬静岡大成中学校
⑭城南静岡中学校
⑮静岡北中学校
⑯常葉大学附属常葉中学校
常葉大学附属橘中学校
常葉大学附属菊川中学校
⑰藤枝明誠中学校
⑱浜松開誠館中学校
⑲静岡県西遠女子学園中学校
⑳浜松日体中学校
㉑浜松学芸中学校

愛知県

①[国立]愛知教育大学附属名古屋中学校
②愛知淑徳中学校
③名古屋経済大学市邨中学校
名古屋経済大学高蔵中学校
④金城学院中学校
⑤椙山女学園中学校
⑥東海中学校
⑦南山中学校男子部
⑧南山中学校女子部
⑨聖霊中学校
⑩滝中学校
⑪名古屋中学校
⑫大成中学校
⑬愛知中学校
⑭星城中学校
⑮名古屋葵大学中学校
(名古屋女子大学中学校)
⑯愛知工業大学名電中学校
⑰海陽中等教育学校(特別給費生)
⑱海陽中等教育学校(I·II)
⑲中部大学春日丘中学校
新刊⑳名古屋国際中学校

三重県

①[国立]三重大学教育学部附属中学校
②暁中学校
③海星中学校
④四日市メリノール学院中学校
⑤高田中学校
⑥セントヨゼフ女子学園中学校
⑦三重中学校
⑧皇學館中学校
⑨鈴鹿中等教育学校
⑩津田学園中学校

滋賀県

①[国立]滋賀大学教育学部附属中学校
②[県立]河瀬中学校
守山中学校
水口東中学校

京都府

①[国立]京都教育大学附属桃山中学校
②[府立]洛北高等学校附属中学校
③[府立]園部高等学校附属中学校
④[府立]福知山高等学校附属中学校
⑤[府立]南陽高等学校附属中学校
⑥[市立]西京高等学校附属中学校
⑦同志社中学校
⑧洛星中学校
⑨洛南高等学校附属中学校
⑩立命館中学校
⑪同志社国際中学校
⑫同志社女子中学校(前期日程)
⑬同志社女子中学校(後期日程)

大阪府

①[国立]大阪教育大学附属天王寺中学校
②[国立]大阪教育大学附属平野中学校
③[国立]大阪教育大学附属池田中学校

④[府立]富田林中学校
⑤[府立]咲くやこの花中学校
⑥[府立]水都国際中学校
⑦清風中学校
⑧高槻中学校（A日程）
⑨高槻中学校（B日程）
⑩明星中学校
⑪大阪女学院中学校
⑫大谷中学校
⑬四天王寺中学校
⑭帝塚山学院中学校
⑮大阪国際中学校
⑯大阪桐蔭中学校
⑰開明中学校
⑱関西大学第一中学校
⑲近畿大学附属中学校
⑳金蘭千里中学校
㉑金光八尾中学校
㉒清風南海中学校
㉓帝塚山学院泉ヶ丘中学校
㉔同志社香里中学校
㉕初芝立命館中学校
㉖関西大学中等部
㉗大阪星光学院中学校

兵庫県

①[国立]神戸大学附属中等教育学校
②[県立]兵庫県立大学附属中学校
③雲雀丘学園中学校
④関西学院中学部
⑤神戸女学院中学部
⑥甲陽学院中学校
⑦甲南中学校
⑧甲南女子中学校
⑨灘中学校
⑩親和中学校
⑪神戸海星女子学院中学校
⑫滝川中学校
⑬啓明学院中学校
⑭三田学園中学校
⑮淳心学院中学校
⑯仁川学院中学校
⑰六甲学院中学校
⑱須磨学園中学校（第1回入試）
⑲須磨学園中学校（第2回入試）
⑳須磨学園中学校（第3回入試）
㉑白陵中学校
㉒夙川中学校

奈良県

①[国立]奈良女子大学附属中等教育学校
②[国立]奈良教育大学附属中学校
③[県立]
　国際中学校
　青翔中学校
④[市立]一条高等学校附属中学校
⑤帝塚山中学校
⑥東大寺学園中学校
⑦奈良学園中学校
⑧西大和学園中学校

和歌山県

①[県立]
　古佐田丘中学校
　向陽中学校
　桐蔭中学校
　日高高等学校附属中学校
　田辺中学校
②智辯学園和歌山中学校
③近畿大学附属和歌山中学校
④開智中学校

岡山県

①[県立]岡山操山中学校
②[県立]倉敷天城中学校
③[県立]岡山大安寺中等教育学校
④[県立]津山中学校
⑤岡山中学校
⑥清心中学校
⑦岡山白陵中学校
⑧金光学園中学校
⑨就実中学校
⑩岡山理科大学附属中学校
⑪山陽学園中学校

広島県

①[国立]広島大学附属中学校
②[国立]広島大学附属福山中学校
③[県立]広島中学校
④[県立]三次中学校
⑤[県立]広島叡智学園中学校
⑥[市立]広島中等教育学校
⑦[市立]福山中学校
⑧広島学院中学校
⑨広島女学院中学校
⑩修道中学校
⑪崇徳中学校
⑫比治山女子中学校
⑬福山暁の星女子中学校
⑭安田女子中学校
⑮広島なぎさ中学校
⑯広島城北中学校
⑰近畿大学附属広島中学校福山校
⑱盈進中学校
⑲如水館中学校
⑳ノートルダム清心中学校
㉑銀河学院中学校
㉒近畿大学附属広島中学校東広島校
㉓AICJ中学校
㉔広島国際学院中学校
㉕広島修道大学ひろしま協創中学校

山口県

①[県立]
　下関中等教育学校
　高森みどり中学校
②野田学園中学校

徳島県

①[県立]
　富岡東中学校
　川島中学校
　城ノ内中等教育学校
②徳島文理中学校

香川県

①大手前丸亀中学校
②香川誠陵中学校

愛媛県

①[県立]
　今治東中等教育学校
　松山西中等教育学校
②愛光中学校
③済美平成中等教育学校
④新田青雲中等教育学校

高知県

①[県立]
　安芸中学校
　高知国際中学校
　中村中学校

福岡県

- ①［国立］福岡教育大学附属中学校（福岡・小倉・久留米）
- ②［県立］
  - 育徳館中学校
  - 門司学園中学校
  - 宗像中学校
  - 嘉穂高等学校附属中学校
  - 輝翔館中等教育学校
- ③西南学院中学校
- ④上智福岡中学校
- ⑤福岡女学院中学校
- ⑥福岡雙葉中学校
- ⑦照曜館中学校
- ⑧筑紫女学園中学校
- ⑨敬愛中学校
- ⑩久留米大学附設中学校
- ⑪飯塚日新館中学校
- ⑫明治学園中学校
- ⑬小倉日新館中学校
- ⑭久留米信愛中学校
- ⑮中村学園女子中学校
- ⑯福岡大学附属大濠中学校
- ⑰筑陽学園中学校
- ⑱九州国際大学付属中学校
- ⑲博多女子中学校
- ⑳東福岡自彊館中学校
- ㉑八女学院中学校

佐賀県

- ①［県立］
  - 香楠中学校
  - 致遠館中学校
  - 唐津東中学校
  - 武雄青陵中学校
- ②弘学館中学校
- ③東明館中学校
- ④佐賀清和中学校
- ⑤成穎中学校
- ⑥早稲田佐賀中学校

長崎県

- ①［県立］
  - 長崎東中学校
  - 佐世保北中学校
  - 諫早高等学校附属中学校
- ②青雲中学校
- ③長崎南山中学校
- ④長崎日本大学中学校
- ⑤海星中学校

熊本県

- ①［県立］
  - 玉名高等学校附属中学校
  - 宇土中学校
  - 八代中学校
- ②真和中学校
- ③九州学院中学校
- ④ルーテル学院中学校
- ⑤熊本信愛女学院中学校
- ⑥熊本マリスト学園中学校
- ⑦熊本学園大学付属中学校

大分県

- ①［県立］大分豊府中学校
- ②岩田中学校

宮崎県

- ①［県立］五ヶ瀬中等教育学校
- ②［県立］
  - 宮崎西高等学校附属中学校
  - 都城泉ヶ丘高等学校附属中学校
- ③宮崎日本大学中学校
- ④日向学院中学校
- ⑤宮崎第一中学校

鹿児島県

- ①［県立］楠隼中学校
- ②［市立］鹿児島玉龍中学校
- ③鹿児島修学館中学校
- ④ラ・サール中学校
- ⑤志學館中等部

沖縄県

- ①［県立］
  - 与勝緑が丘中学校
  - 開邦中学校
  - 球陽中学校
  - 名護高等学校附属桜中学校

もっと過去問シリーズ

北海道

北嶺中学校
7年分（算数・理科・社会）

静岡県

静岡大学教育学部附属中学校
（静岡・島田・浜松）
10年分（算数）

愛知県

愛知淑徳中学校
7年分（算数・理科・社会）
東海中学校
7年分（算数・理科・社会）
南山中学校男子部
7年分（算数・理科・社会）
南山中学校女子部
7年分（算数・理科・社会）
滝中学校
7年分（算数・理科・社会）
名古屋中学校
7年分（算数・理科・社会）

岡山県

岡山白陵中学校
7年分（算数・理科）

広島県

広島大学附属中学校
7年分（算数・理科・社会）
広島大学附属福山中学校
7年分（算数・理科・社会）
広島学院中学校
7年分（算数・理科・社会）
広島女学院中学校
7年分（算数・理科・社会）
修道中学校
7年分（算数・理科・社会）
ノートルダム清心中学校
7年分（算数・理科・社会）

愛媛県

愛光中学校
7年分（算数・理科・社会）

福岡県

福岡教育大学附属中学校
（福岡・小倉・久留米）
7年分（算数・理科・社会）
西南学院中学校
7年分（算数・理科・社会）
久留米大学附設中学校
7年分（算数・理科・社会）
福岡大学附属大濠中学校
7年分（算数・理科・社会）

佐賀県

早稲田佐賀中学校
7年分（算数・理科・社会）

長崎県

青雲中学校
7年分（算数・理科・社会）

鹿児島県

ラ・サール中学校
7年分（算数・理科・社会）

※もっと過去問シリーズは
国語の収録はありません。

教英出版
〒422-8054
静岡県静岡市駿河区南安倍3丁目12－28
TEL 054-288-2131
FAX 054-288-2133
詳しくは教英出版で検索
教英出版　検索
URL https://kyoei-syuppan.net/

令和６年度県立中等教育学校
入学者選考適性検査問題

（時間60分）

愛媛県立今治東中等教育学校
愛媛県立松山西中等教育学校

【注　　意】

1　問題冊子《さっし》、解答用紙（１枚目、２枚目）の受検番号らん、氏名らんにそれぞれ受検番号、氏名を記入すること。

2　解答は、全て解答用紙の決められた場所に記入すること。

受検番号		氏　名	

＃教英出版 編集部　注

編集の都合上、解答用紙は表裏１枚にまとめてあります。

1　次の文章は、さとるさんたちが、言葉の使い方について話し合っている場面の会話文です。この文章を読んで、下の(1)～(3)の問いに答えてください。

さとる　この前、本を読んでいたら、「人生は旅だ。」と書いてあったのだけど、意味がよくわからなくて、お兄ちゃんに「ずっと旅行ばかりしている人がいるのかな。」って質問したんだ。すると、「人生は、いろいろな出来事が起こるところが旅と似ているから、『人生』を『旅』に例えているんだよ。」って教えてくれたんだ。

あきえ　「例える」というと、「まるで①青空のように」みたいな言い方をよくするけれど、②「まるで～のように」という言葉を使わずに何かを別のものに例える言い方もあるのね。

さとる　そうみたい。そのときに、お兄ちゃんから問題を出されたよ。いっしょに考えてみてよ。

問題「田中さんは太陽だ。」 田中さんはどのような人でしょうか。

あきえ　田中さんは太陽と似ているところがあるということよね。太陽は明るい光を放っていて、空を明るくするわ。それをもとに考えると、田中さんは明るい性格で、［　ア　］する人だと私《わたし》は思うわ。

さとる　なるほど。おもしろいね。

あきえ　「まるで～のように」という言葉を使わずに、何かを別のものに例えて言い表すことができるのなら、詩を作るときに使ってみるといいかもしれないわね。

(1)　下線部①は、「青い空」という意味の言葉で、前の漢字が後ろの漢字を修しょくしてできている熟語《じゅくご》です。下の［　　］の中の漢字を組み合わせて、下線部①と同じ成り立ちの熟語を**二つ**書いてください。ただし、それぞれの漢字は一度しか使わないこととします。

白　量　駅　米　少

(2)　文中の［　ア　］に当てはまる言葉を書いてください。ただし、「太陽」という言葉は使わないこととします。

(3)　あきえさんは、「図書館」を題材に詩を作り、詩の中に、下線部②の方法を使った「図書館は［　イ　］だ。」という一文を入れることにしました。［　イ　］に当てはまる言葉を考えて、解答らんに合うように書いてください。また、その言葉を選んだ理由を、解答らんに合うように書いてください。ただし、解答らんの（※　　　）には、同じ言葉が入ることとし、上の会話文の中に出てくる言葉は使わないこととします。

2　次の文章は、先生が、碁石《ごいし》の個数の求め方について、みさきさんたちに説明している場面の会話文です。この文章を読んで、下の(1)～(3)の問いに答えてください。

先　生　　**図1**のように、正方形の形に並《なら》べた白い碁石の周りに黒い碁石が並んでいるとき、黒い碁石は、全部で何個あるか考えてみましょう。どの碁石も重ならずに並んでいます。

みさき　　一番外側に、黒い碁石が縦横《たてよこ》に7個ずつ並んでいて、白い碁石が9個あるから、7×7－9で、40個です。

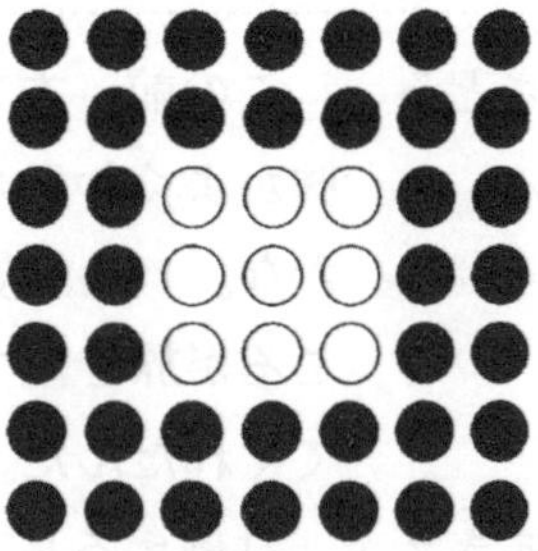

図1

先　生　　そうですね。それでは、黒い碁石の個数を求める別の方法はないかな。

ゆうき　　**図2**のように、わくで囲んで考えることもできます。1つのわくの中には黒い碁石が ア 個あり、わくが イ つあるので、 ア × イ で、やっぱり40個です。

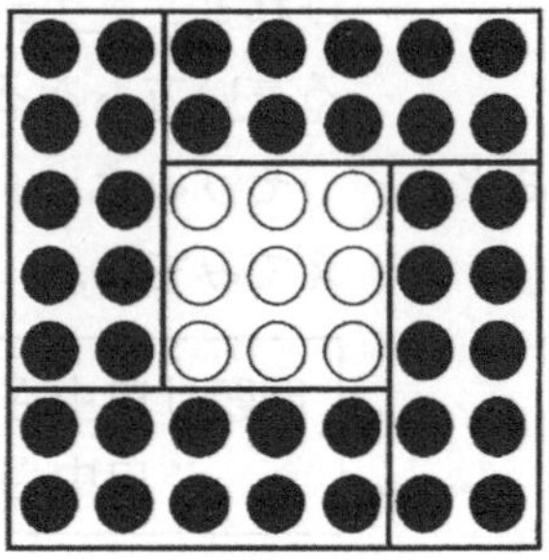

図2

先　生　　なるほど。いい方法ですね。それでは、**図3**のように、正方形の形に並べた白い碁石の周りに、黒い碁石を並べます。一番外側に、黒い碁石が縦横に20個ずつ並んでいる場合、黒い碁石は、全部で何個ありますか。

みさき　　はい。黒い碁石は、全部で ウ 個です。

先　生　　そのとおりです。

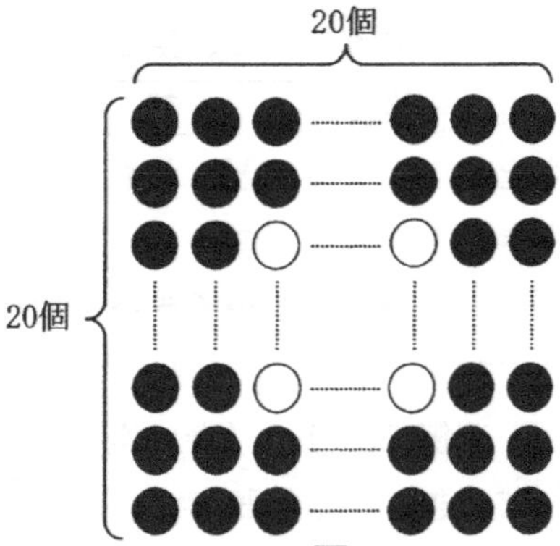

図3

(1)　 ア 、 イ にそれぞれ当てはまる数を書いてください。

(2)　 ウ に当てはまる数を書いてください。

(3)　**図4**のように、正方形の形に並べた白い碁石の周りに、黒い碁石を並べたところ、一番外側に並んでいる黒い碁石の個数は104個でした。このとき、黒い碁石は、全部で何個あるか書いてください。

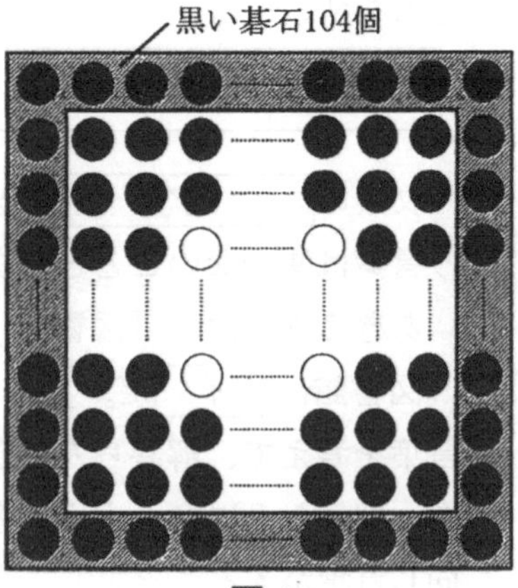

図4

3　次の文章は、みさとさんたちが、日本の自動販売機《はんばいき》について話し合っている場面の会話文です。この文章を読んで、下の(1)～(3)の問いに答えてください。

【資料】2012年と2022年における日本の自動販売機の設置台数とそれぞれの機種の全体にしめる割合《わりあい》

2012年

機種	台数（台）	割合（%）
飲料販売機	2562500	50.3
自動サービス機	1252000	24.6
日用品雑貨販売機	858030	16.8
食品販売機	74100	1.5
券《けん》類販売機	42100	0.8
その他	304000	6.0
合計	5092730	100.0

2022年

機種	台数（台）	割合（%）
飲料販売機	2242700	56.4
自動サービス機	1292200	32.6
日用品雑貨販売機	201500	5.1
食品販売機	77700	2.0
券類販売機	63100	1.6
その他	92300	2.3
合計	3969500	100.0

注　自動サービス機とは、両がえ機、コインロッカー、ちゅう車場の自動支はらい機などのことを示している。また、日用品雑貨販売機とは、カード販売機、カプセルに入ったおもちゃの販売機、新聞販売機などのことを示している。

（日本自動販売システム機械工業会資料による）

みさと　日本は、人口や面積で考えると、外国と比べて自動販売機の数が多いという話を聞いて、自由研究で調べていたら、上のような**資料**を見つけたわ。**資料**を見ると、10年間で全体的には数が減っているけれど、たくさんの自動販売機があることがわかるわ。自動販売機はどういう場所に置かれているのかな。

しんじ　カプセルに入ったおもちゃの販売機は、ショッピングセンターにたくさん置いてあるし、駅に行ったとき、きっぷ販売機やコインロッカーが並《なら》んでいるのを見たこともあるよ。あと、飲料販売機は、住宅《じゅうたく》街の道路沿《ぞ》い、スポーツ施設や観光地など、[　あ　]場所にあることが多いよね。

あすか　そうね。この前おじいちゃんの家に遊びに行ったけれど、おじいちゃんの家の周りには家が少ないから、近くに自動販売機はなかったわ。

みさと　あと、最近では、先に食券を買う飲食店も増えているわね。

あすか　日本の技術がすぐれているから、日本には自動販売機が多いという話を聞いたことがあるわ。日本の飲料販売機には、1台で温かい飲料と冷たい飲料の両方を販売しているものがあるけど、このような飲料販売機では、電気を使って飲料を冷やすときに出る熱を利用して、別の飲料を温めているそうよ。

しんじ　すごいね。自動販売機には、ほかにも様々な技術が使われていそうだね。

(1)　**資料**から読み取れることを述べた文として適当なものを、次の**ア**～**エ**の中から一つ選び、その記号を書いてください。

ア　2022年の飲料販売機の台数と飲料販売機の台数の全体にしめる割合は、2012年と比べてともに多くなっている。

イ　2022年の自動サービス機の台数の全体にしめる割合は、2012年と比べて少なくなっている。

ウ　2022年の日用品雑貨販売機の台数の全体にしめる割合は、2012年と比べて、3分の1以下になっている。

エ　2022年の自動販売機の台数の合計は、2012年と比べて、7割以下になっている。

(2)　文中の[　あ　]に当てはまる言葉を、「人」という言葉を使って書いてください。

(3)　下線部の技術のすぐれている点は、どのようなところですか。「エネルギー」という言葉を使って書いてください。

4　次の文章は、まさおさんとゆかこさんが、古代の科学者アルキメデスについて話し合っている場面の会話文です。この文章を読んで、下の(1)～(3)の問いに答えてください。ただし、会話文中の王かんや金属のかたまりには、空どうはないものとします。

まさお　今から2300年ほど前に活やくしたアルキメデスという科学者の話を聞いたよ。

ゆかこ　アルキメデスというと、てこのはたらきや円周率の計算についての話を聞いたことがあるわ。

まさお　それらの話以外にも、金《きん》の王かんについての話が有名だよね。

ゆかこ　金だけでできているはずの王かんに、銀が混ぜられていないかを、王かんをこわさないで調べるように王様に命令されて、その方法を、おふろに入ったときにお湯があふれるのを見てひらめいたという話ね。でも、どのような方法なのかは知らないわ。

まさお　まず、図１のように、容器にぎりぎりまで水を入れておいて、その中に金属のかたまりを入れると、水があふれるよね。最初に容器に入れておいた水の体積が500cm^3で、あふれた水の体積が58cm^3としたら、金属のかたまりの体積は[ア]cm^3となるよね。

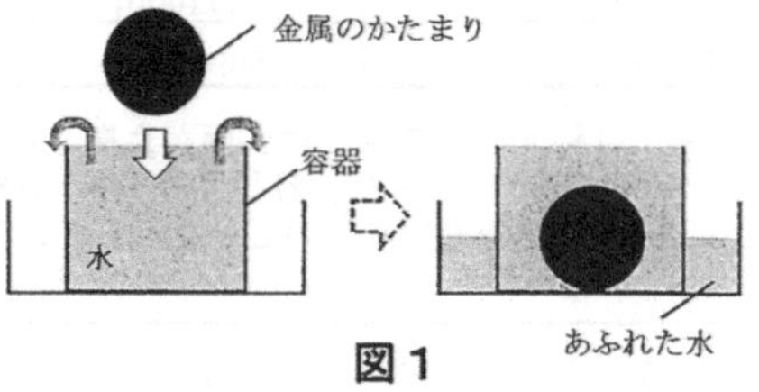

図１

また、いろいろな金属１cm^3当たりの重さは、右の**表**のようになるけど、純《じゅん》すいな金属１cm^3当たりの重さは、金属の種類でそれぞれ決まっていて、例えば、鉄ならば１cm^3当たりの重さが7.9ｇ、銅ならば１cm^3当たりの重さが9.0ｇなんだ。

表　金属１cm^3当たりの重さ

金属の種類	重さ〔ｇ〕
鉄	7.9
銅	9.0
銀	10.5
金	19.3

これらのことを使って、アルキメデスは、王かんに銀が混ぜられていないかを調べたんだ。

ゆかこ　もう少し、くわしく教えて。

まさお　金だけでできている100ｇの金属のかたまり（**かたまりＡ**）と、金と銀を混ぜてできている100ｇの金属のかたまり（**かたまりＢ**）を用意して、図２のように、ぎりぎりまで水を入れた二つの容器の中に、金属のかたまりをそれぞれ入れたとすると、**かたまりＡ**を入れたときにあふれる水の体積と、**かたまりＢ**を入れたときにあふれる水の体積に、ちがいが出ることはわかるかな。

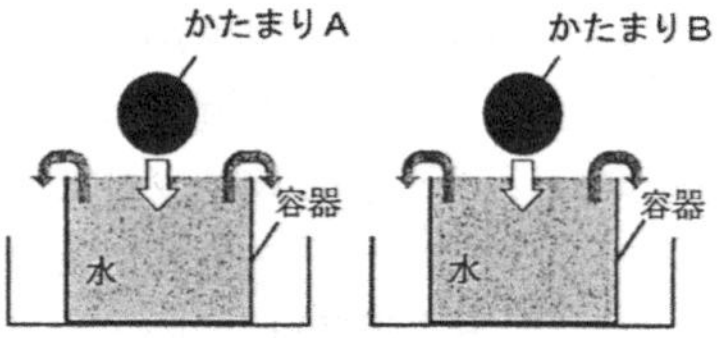

図２

ゆかこ　そうか。そうするとアルキメデスは、ぎりぎりまで水を入れた二つの容器、王かん、[イ]の金のかたまりを用意し、二つの容器の中に、王かんと金のかたまりをそれぞれ入れ、あふれた水の体積が[ウ]の方が多かったことから、金だけでできているはずの王かんに、銀が混ぜられていることを確かめたわけね。

(1)　文中の[ア]に当てはまる数を書いてください。

(2)　下線部について、銅だけでできている100ｇの金属のかたまりの体積は何cm^3になるか書いてください。ただし、小数第２位を四《し》捨《しゃ》五《ご》入《にゅう》し、小数第１位まで求めることとします。

(3)　文中の[イ]に当てはまる言葉を、「王かん」という言葉を使って書いてください。また、文中の[ウ]に当てはまる言葉を、「王かん」「金のかたまり」のいずれかから選んで書いてください。

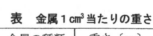

令和六年度　県立中等教育学校入学者選考

受検番号		氏名	

〔作文問題（時間五十分）〕

次の**1**、**2**の作文問題のうち、いずれか一つを選び、あとの**注意**にしたがって作文を書いてください。

1　「言葉がもつ力」について、具体的な体験をまじえながら、そのことを通して、考えたことを書いてください。

2　「自分の好きな季節」について、具体的な体験をまじえながら、そのことを通して、考えたことを書いてください。

〈注意〉

2	(2)	ウ	
	(3)	（　　　　　　）　個	
3	(1)		
	(2)	あ	
	(3)		

1	2	3

			面　積	(　　　　　　　) cm^2
6	(1)	あ		
	(2)	とら	いぬ	
	(3)	(　　　　　　　) ことを目的として導入された。		
	(4)	資料6		
		資料7		

1	2	3

4	5	6	合　計

（配点非公表）

受検番号

氏名

選んだ作文問題の番号

番

100字

200字

得点

（評価基準非公表）

2)

600字 500字 400字 300字

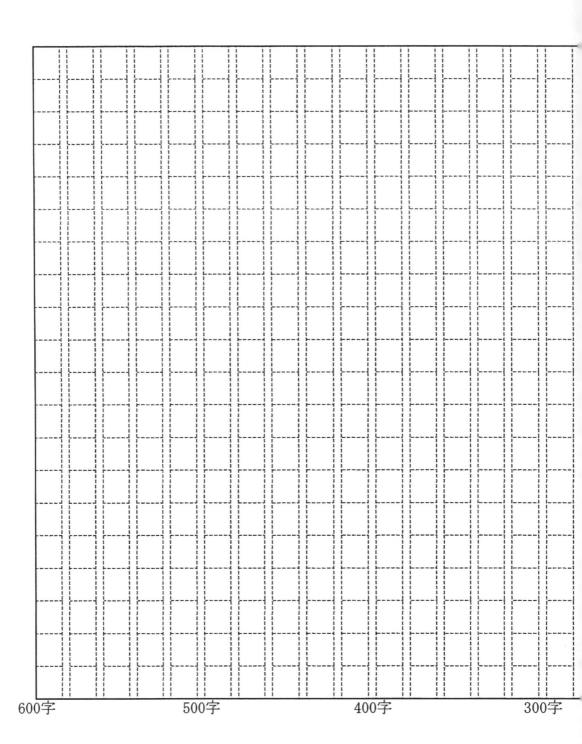

受検番号		氏　名	

令和６年度県立中等教育学校入学者選考適性検査解答用紙（２枚目）

4	(1)	ア		(2)	（　　　　　　　）　cm³
	(3)	イ			
		ウ			

5	(1)		(2)	あ	
	(3)	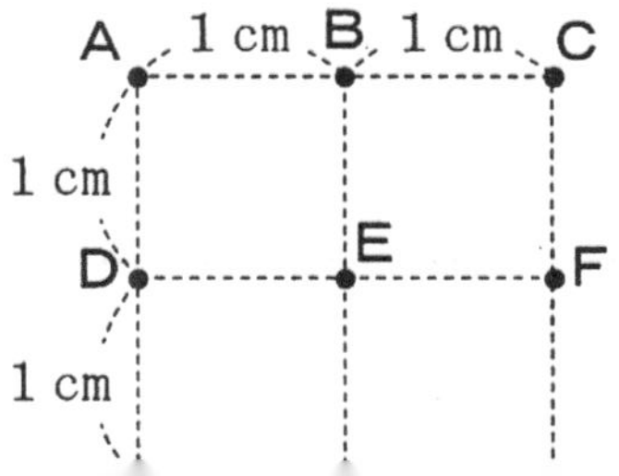	(4)	四角形	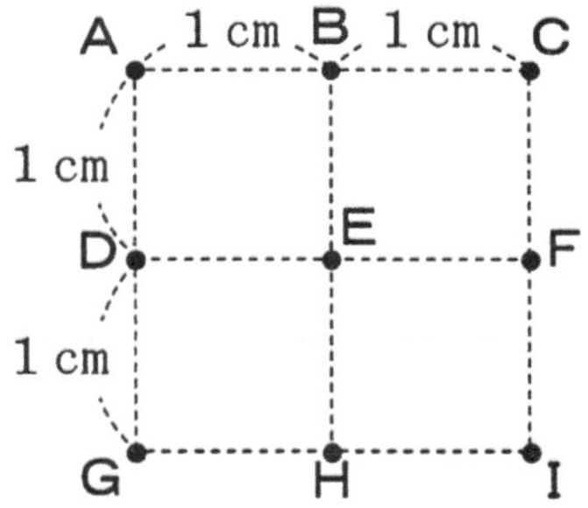

受検番号		氏　名	

令和６年度県立中等教育学校入学者選考適性検査解答用紙（１枚目）

1	(1)		
	(2)	ア	
	(3)	イ	図書館は（※　　　　　　　　　　）だ。
		理由	図書館と（※　　　　　　　　　　）の、 〔　　　　　　　　　　　　　　　　〕 ところが似ているから。

	(1)	ア		イ	

【解答用

② 作文の題は、つけないこと。

③ 段落《だんらく》は、内容に応じて設けること。

④ 文章の長さは、四百字から六百字までとする。

5　次の文章は、先生が、四角形を作る問題について、さくらさんたちに説明している場面の会話文です。この文章を読んで、下の(1)〜(4)の問いに答えてください。

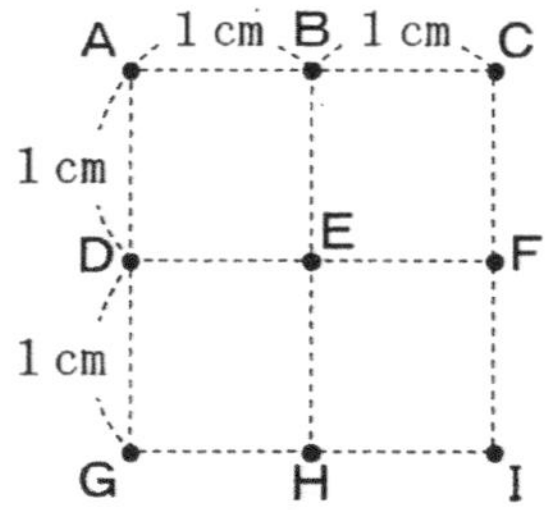

図１

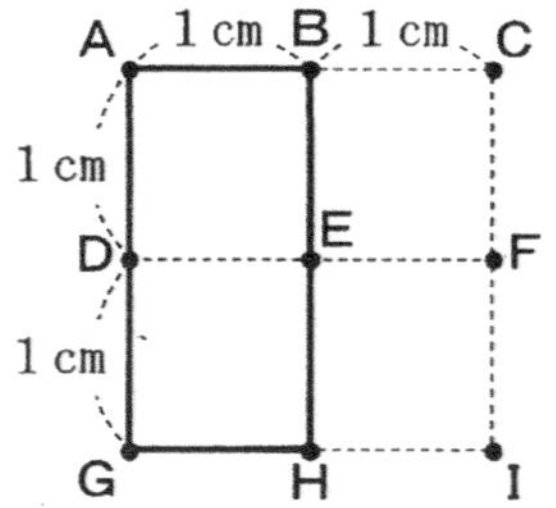

図２

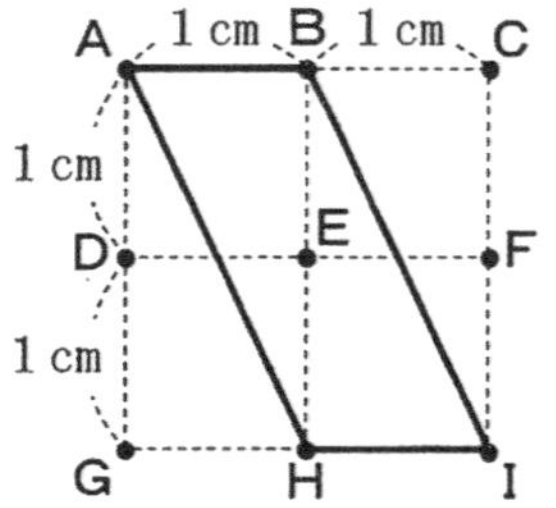

図３

先　生　　**図１**のように、１辺が２cm の正方形を、１辺が１cm の正方形４個に分けて、点**A**〜点**I**までの９つの点をとります。次に、４点を頂点《ちょうてん》とする四角形ができるように、９つの点の中から４つの点を選び、線で結びます。例えば、**図２**のように、①４点**A**、**G**、**H**、**B**を選び、それらの点を線で結んでできた四角形は、面積が２cm²の長方形となります。４つの点の選び方によって、様々な四角形ができますので、面積が２cm²になるよう、別の選び方を考えてみましょう。

さくら　　私《わたし》は、４点**A**、**H**、**I**、**B**を選んで、面積が２cm²の平行四辺形（**図３**）ができたわ。

ひろし　　ぼくは、４点［　**あ**　］を選んで、面積が２cm²の正方形ができたよ。

かえで　　私は、②面積が２cm²だけど、長方形でも平行四辺形でも正方形でもない四角形ができたわ。

先　生　　みなさん、いろいろな選び方ができましたね。４点を頂点とする四角形ができるように、９つの点の中から４つの点を選び、線で結ぶとき、面積が１cm²や４cm²となる四角形は、すぐに見つけられると思います。それでは、③面積が１cm²、２cm²、４cm²のいずれにもならない四角形ができる、４つの点の選び方を考えてみましょう。

(1)　下線部①の四角形と**合同ではない**四角形を、次の**ア**〜**エ**の中から１つ選び、その記号を書いてください。

ア　４点**A**、**D**、**F**、**C**を頂点とする四角形

イ　４点**D**、**G**、**I**、**F**を頂点とする四角形

ウ　４点**E**、**H**、**I**、**F**を頂点とする四角形

エ　４点**B**、**H**、**I**、**C**を頂点とする四角形

(2)　［　**あ**　］に当てはまる４点を、**A**〜**I**の記号の中から選び、その記号を書いてください。

(3)　下線部②について、長方形でも平行四辺形でも正方形でもない面積２cm²の四角形は、何個かあります。そのうち、いずれか１個の四角形を、**図２**や**図３**のかき方を参考にして解答らんの図にかいてください。

(4)　下線部③について、面積が１cm²、２cm²、４cm²のいずれにもならない四角形は、何個かあります。そのうち、いずれか１個の四角形を、**図２**や**図３**のかき方を参考にして解答らんの図にかいてください。また、その四角形の面積を書いてください。

6　次の文章は、みらいさんたちが、夏休みの思い出について話している場面の会話文です。この文章を読んで、あとの(1)～(4)の問いに答えてください。

みらい　フェリーに乗って九州にわたり、①大分県にいるいとこに会ってきたよ。
ひなた　列車で岡山県まで行ったよ。ＪＲ岡山駅前の広場に②桃太郎《ももたろう》の像があったよ。
かえで　家族といっしょに、③四国４県を自動車で一周したよ。
あさひ　お兄ちゃんが、兵庫県の甲子園《こうしえん》球場で開かれた、④全国高等学校野球選手権《せんしゅけん》大会に出場したので応えんに行ったよ。

(1)　**資料１**は、下線部①の自然条件についてまとめたものです。この自然条件により、下線部①には、ほぼ全域《ぜんいき》に［あ］が分布しており、多くの観光客を集めるための重要な資《し》源《げん》となっています。［あ］に当てはまる言葉を、下の**ア～エ**から一つ選び、その記号を書いてください。

【資料１】

大分県には、中央部に大地のさけ目があり、そこに沿《そ》って多くの火山があります。火山が多い地域は、地下水が豊富であるとともに、地下にたまっているマグマが、1000度に達するほどの高温になっています。高温のマグマによって熱せられた蒸気《じょうき》は、地熱発電に利用することができます。

（大分県ホームページほかによる）

ア　温泉《おんせん》　　**イ**　水族館　　**ウ**　スキー場　　**エ**　世界遺産《いさん》

(2)　下線部②の物語は、おばあさんが川で拾った桃から男の子が生まれて、やがてたくましく育ったのち、いぬ、さる、きじを連れて、鬼《おに》を退治《たいじ》したというものです。**資料２**、**資料３**を参考に、十二支《じゅうにし》の「とら」と「いぬ」が表す方角として適当なものを、**資料４**の**ア～シ**の中から、それぞれ一つずつ選び、その記号を書いてください。

【資料２】

十二支を北から順に右回りに並《なら》べたとき、「うし」と「とら」が表す方角を、「鬼の出入りする門」と書いて鬼門《きもん》と言い、この方角から災《わざわ》いがもたらされるという考え方があります。鬼退治をする桃太郎の仲間は、「とら」の反対の方角にいる「さる」からスタートして、そこから右回りに、「さる」「とり（きじ）」「いぬ」になったと言われています。

（国史大辞典ほかによる）

【資料３】

日本の十二支は、ね（ねずみ）・うし・とら・う（うさぎ）・たつ（りゅう）・み（へび）・うま・ひつじ・さる・とり・いぬ・い（いのしし）の順番に並んだ動物をまとめた呼《よ》び方です。日本では、十二支をこの順番で、年や方角などに当てて用います。

（日本国語大辞典ほかによる）

【資料４】

十二支が表す方角

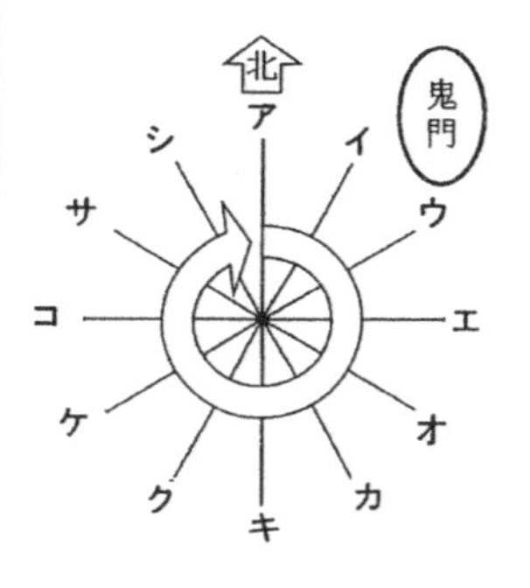

注　十二支のそれぞれが、**ア～シ**のいずれかに入る。

(3)　**資料５**のような自動車のナンバープレートは、下線部③のほかにも日本の各地でつくられています。また、自動車は、日常的な交通手段《しゅだん》として利用されることが多く、さらに、県外への移動にも使われることがあります。これらのことから、**資料５**のような自動車のナンバープレートは、どのようなことを目的として導入されたと考えられますか。「地域」「全国」という二つの言葉を使って、解答らんに合うように書いてください。

【資料５】

四国４県の名所や特産品などをデザインに取り入れた自動車のナンバープレート

〔徳島県〕　〔香川県〕　〔愛媛県〕　〔高知県〕

＜阿波《あわ》おどり＞　＜瀬戸《せと》内海、オリーブ＞　＜みきゃん＞　＜はりまやばし、カツオ＞

（国土交通省ホームページによる）

(4)　下線部④は、暑い時期に開かれます。この大会では、選手がいい状態でプレーできるようにするため、どのような工夫が取り入れられていますか。**資料６**、**資料７**を参考に、それぞれの資料から考えられることを一つずつ書いてください。

【資料６】

全国高等学校野球選手権大会準々決勝から決勝までの結果

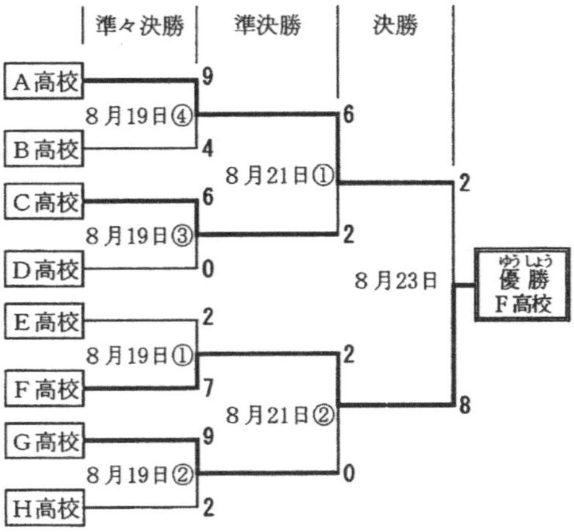

注１　2023年度の大会をもとに作成している。トーナメント表にある太字の数字は得点、太線は勝ち上がり、丸数字は試合順を、それぞれ示している。なお、トーナメント表の、１回戦から３回戦は省略している。

注２　３回戦は、８月16日と17日に行われた。また、18日、20日、22日は休養日のため試合がなかった。

（日本高等学校野球連盟《れんめい》ホームページほかによる）

【資料７】

2023年度における全国高等学校野球選手権大会の新たな取り組み

　気温が高くなる昼間の試合をさけるために、試合を朝と夕方に分けて行うことについて見直しを進めてきたが、今年度の大会からの導入は見送った。一方で、試合のと中の５回終りょう後に、選手が休息をとることができるよう、「クーリングタイム」を新たな取り組みとして導入することを決めた。この取り組みにより、最大10分間の休息を取れるようにして、試合中に選手たちが体を冷やしたり、水分補給《ほきゅう》をしたりするための時間を確保できるようになった。

（2023年２月１日付け新聞記事による）

令和5年度県立中等教育学校
入学者選考適性検査問題

(時間60分)

愛媛県立今治東中等教育学校
愛媛県立松山西中等教育学校
愛媛県立宇和島南中等教育学校

【注　　意】

1　問題冊子《さっし》、解答用紙（1枚目、2枚目）の受検番号らん、氏名らんにそれぞれ受検番号、氏名を記入すること。

2　解答は、全て解答用紙の決められた場所に記入すること。

受検番号		氏　名	

＃教英出版 編集部　注
編集の都合上、解答用紙は表裏1枚にまとめてあります。

1　次の文章は、たまみさんたちが、言葉の使い方について話し合っている場面の会話文です。この文章を読んで、下の(1)〜(3)の問いに答えてください。

たまみ　弟のたいちが、夏休みの宿題の自由工作で、ロボットの模型《もけい》を金属板で作ったの。そして、ノートにロボットの作り方や作るときの注意点をまとめて書いていたのだけど、金属板を切る作業のところに、次のように書いてあったの。

> 金属板を切ったあと、切り口をさわるとけがをするかもしれないので、やすること。

たいちに、これはおかしいよって言ったのだけど、たいちは、どうしてこのように書いたのかな。

あいり　この文のどこがおかしいの。特におかしいとは思わないよ。

たまみ　最後に出てきた「やする」だけど、私が使っている国語辞典には、そのような言葉はのっていないのよ。

ひろと　たしかに、ぼくが使っている国語辞典にもないな。でも、「やすり」という言葉はあるよ。やすりは、木や金属の表面をこすって、なめらかにする道具のことだと書いてあるよ。だから、本当は、「やする」ではなく「［　ア　］」のように、やすりの使い方を書くのが正しかったということだね。

あいり　そうだったのね。知らなかったわ。

たまみ　そういえば、たいちは、「やすり」も、「おどり」や「笑い」という言葉と同じでしょって言っていたの。これはどういうことかな。

ひろと　①「おどり」という言葉は、名詞《めいし》だよね。でも、「おどる」という言葉が、「おどります」のように、「〜ます」につながる形に変化した動詞《どうし》でもあるね。

あいり　名詞は、人や物の名前や事がらを表す言葉で、動詞は、人や物の動きやはたらきを表す言葉のことね。

たまみ　「笑い」も「おどり」と同じように、名詞として使うときと、動詞として使うときがあるね。たいちは、それらの言葉と同じだと思って「やする」という言葉があるとかんちがいしたのかな。

ひろと　そうだとしても、たいちさんは、②よく思いついたね。

あいり　「やする」のようなかんちがいから、新しい言葉が生まれてくるのかもしれないね。

(1)　文中の［　ア　］に当てはまる言葉を、「やすり」という言葉を使って10字以内で書いてください。

(2)　下線部①について、「おどり」や「笑い」と同じように、名詞と、動詞が「〜ます」につながる形に変化したものが同じ形になる言葉を、下線部①よりあとの会話文から探し、その言葉に「が」を付けて主語になる文を、例にならって一つ書いてください。ただし、「おどり」「笑い」は使わないこととします。

例１：おどりがうまい。　例２：笑いが起こる。

(3)　下線部②について、ひろとさんは、どのような理由で「よく思いついた」と言ったのですか。「形」という言葉を使って、10字以内で解答らんに合うように書いてください。

2　次の**会話文A～会話文C**は、こうじさんとまさみさんが、割《わ》り算のあまりについて話し合っている場面の会話文です。この文章を読んで、下の(1)～(3)の問いに答えてください。

会話文A

こうじ　長さ33cmのリボンを切って、7人で同じ長さずつ分けるようにしたいのだけど、「33÷7＝4あまり5」だから、4cmずつ分ければいいのかな。でも、5cmもあまらせたら、もったいないな。

まさみ　こうじさんのものさしは、ミリメートルの単位まで測ることができるよね。私なら、そのものさしを使って、あまりがもっと短くなるように、[あ]cmずつ分けて、0.1cmあまらせるようにするよ。

会話文B

こうじ　6年生は114人いるよね。全員でドッジボール大会をするのだけど、1チームを16人とすると、何チームできるかな。114÷16を計算すればいいんだけど、2けたの数で割るので、暗算はむずかしいな。

まさみ　そんなことないよ。114も16も偶数《ぐうすう》だから、それぞれ2で割って、57と8で計算すれば簡単《かんたん》になるよ。

こうじ　本当だ。「57÷8＝7あまり1」で簡単になったよ。でも、あまる人がいるから、17人のチームも作るようにして、16人のチームを[い]チーム、17人のチームを[う]チームつくればいいね。

まさみ　そうだね。

会話文C

こうじ　**図1**のように、ようかんが$6\frac{7}{8}$本あって、その全部を切り分け、**図2**のように、1枚の皿に$\frac{3}{8}$本ぶんの量をのせていってほしいと、先生にお願いされたんだけど、皿を何枚用意すればいいかな。

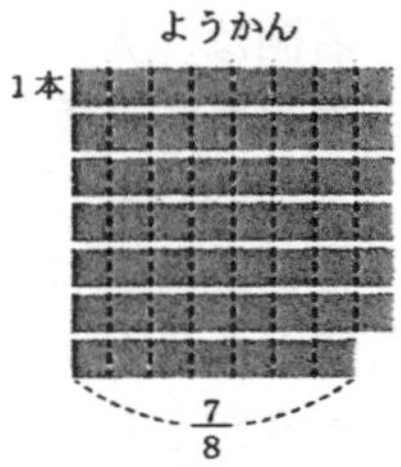

図1

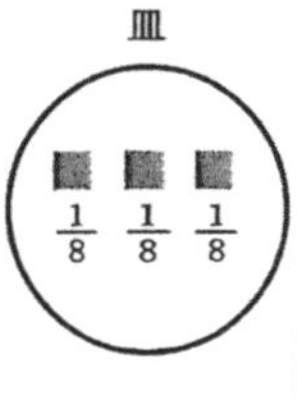

図2

まさみ　あまりが出たらどうするのかな。

こうじ　あまりが出たら、もう1枚皿を用意し、その皿にのせるように、先生に言われているよ。

まさみ　このときの計算は、$6\frac{7}{8}$と$\frac{3}{8}$を、それぞれ8倍して、[え]と　3　にし、「[え]÷3」で考えるといいわね。

(1)　**会話文A**中の[あ]に当てはまる数を書いてください。

(2)　**会話文B**中の[い]、[う]にそれぞれ当てはまる数を書いてください。

(3)　**会話文C**について、次のア、イの問いに答えてください。

ア　文中の[え]に当てはまる数を書いてください。

イ　先生に言われたとおり、全てのようかんをのせるために必要な皿は何枚か、書いてください。

3　ともこさんは、総合的な学習の時間で、近くの会社の従業員《じゅうぎょういん》の通勤《つうきん》方法について調べました。**資料１**～**資料３**は、そのときに集めたものです。これらの資料を見て、下の(1)～(3)の問いに答えてください。

【資料１】

A社とB社における、従業員の通勤方法別の割合《わりあい》

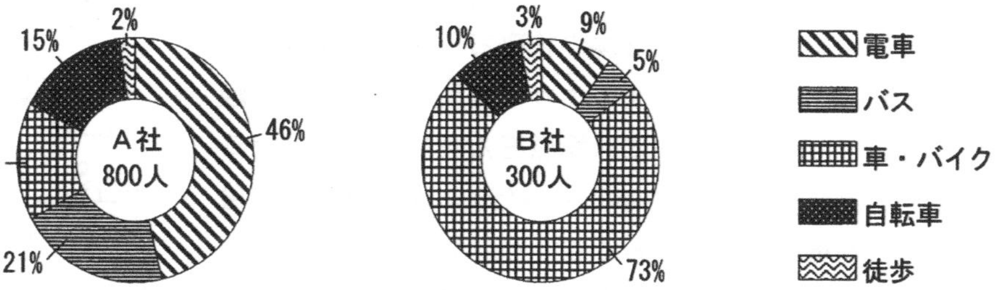

注　グラフの内側にある人数は、それぞれの会社の全従業員数を表す。

【資料２】

「えひめツーキニストクラブ」への入会について（お知らせ）

自転車は温室効果ガスをはい出しないので、地球かん境にやさしい乗り物です。
さらに健康にもさいふにもやさしい自転車での通勤・通学を始めませんか。
会員になると、いくつか特典があります。

会員の（　①　）	・個人会員 ・チーム会員（３人一組）
会員の（　②　）	・交通ルールを守り、ヘルメットを着用するなど安全運転に努めること。 ・自転車走行きょりなどを報告できること。 ・アンケートなどに協力できること。
会員の（　③　）	・自転車や健康について役に立つ情報をもらえます。 ・ちゅう選で、素敵《すてき》な商品をもらえます。

注　特典とは、限られた人に与えられる特別の権利《けんり》である。

【資料３】

「クールチョイス」（COOL CHOICE）とは？

2030年度の温室効果ガスのはい出量を、2013年度と比かくして、46%減らすという目標達成に向け、「製品の買いかえ」「サービスの利用」「ライフスタイルの選たく」など、日々の生活の中で、地球温暖《おんだん》化防止のための「かしこい選たく」をしていこうという取り組みです。

(1)　**資料１**から読み取れることを述べた文として適当なものを、次の**ア**～**エ**の中から一つ選び、その記号を書いてください。

ア　A社では、「自転車」通勤者数は全従業員数の５分の１以上である。
イ　B社では、通勤に乗り物を使う従業員の割合は半分以下である。
ウ　A社の「電車」通勤者数は、B社の「車・バイク」通勤者数より多い。
エ　A社もB社も、「バス」通勤者数は全従業員数の２割以下である。

(2)　愛媛県では、**資料２**の「えひめツーキニストクラブ」をつくり、通勤や通学において、自転車を利用する人を増やす取り組みをしています。**資料２**の①～③に当てはまる言葉を、「特典」「種類」「条件」からそれぞれ一つずつ選んで書いてください。

(3)　**資料２**の「えひめツーキニストクラブ」の取り組みは、**資料３**の「クールチョイス」の取り組みとつながっています。車やバイクではなく、自転車を利用する人が増えることによって、どのような効果が期待できますか。その効果について、「温室効果ガス」「地球温暖化」という<u>二つ</u>の言葉を使って書いてください。

4　次の文章は、のりこさんとひろやさんが、磁石《じしゃく》を使った実験について話し合っている場面の会話文です。この文章を読んで、下の(1)〜(3)の問いに答えてください。

のりこ　　磁石を使った実験をやってみたいと思うのだけど、どのような実験があるかしら。

ひろや　　この前、はかりと２本の棒《ぼう》磁石（**棒磁石Ａ**と**棒磁石Ｂ**）を用意し、**図１**のような装置《そうち》を作って、実験をしてみたよ。最初に、**棒磁石Ａ**をはかりにのせると、はかりは100ｇを示していたよ。そのあと、**棒磁石Ｂ**を**棒磁石Ａ**にゆっくり近づけていくと、**棒磁石Ａ**と**棒磁石Ｂ**との間のきょりと、はかりが示す重さは、**表**のような結果になったよ。

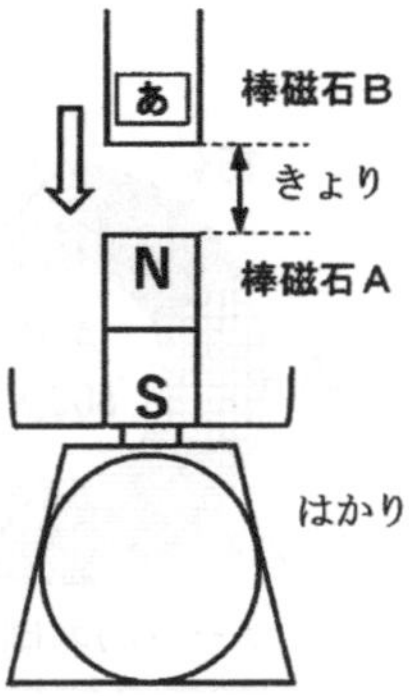

図１

のりこ　　**表**の結果から、**棒磁石Ａ**と**棒磁石Ｂ**との間のきょりが変わると、２本の棒磁石の間にはたらく力の大きさが変わっていることがわかるね。

表　**棒磁石Ａ**と**棒磁石Ｂ**との間のきょりとはかりが示す重さ

棒磁石Ａと棒磁石Ｂとの間のきょり（cm）	8	6	4	2
はかりが示す重さ（ｇ）	102.5	104.4	110	140

ひろや　　このあと、**図１**の**棒磁石Ｂ**を鉄の棒にかえて、同じように**棒磁石Ａ**にゆっくり近づけていったところ、そのときのはかりが示す重さは、［　い　］よ。

のりこ　　おもしろい実験だね。

ひろや　　さらに、こんな実験もしたんだ。１本は棒磁石であり、もう１本は鉄の棒である、見た目はどちらも同じ、**棒Ｐ**と**棒Ｑ**を使うんだ。この２本の棒だけを使って、どちらが棒磁石なのかを調べるために、**棒Ｐ**と**棒Ｑ**を手で持って、<u>**図２**のように、**棒Ｐ**を、**棒Ｑ**のはしからゆっくりと真ん中付近まで移動させたよ。このときの**棒Ｐ**の様子から、**棒Ｑ**が棒磁石だということがわかった</u>よ。

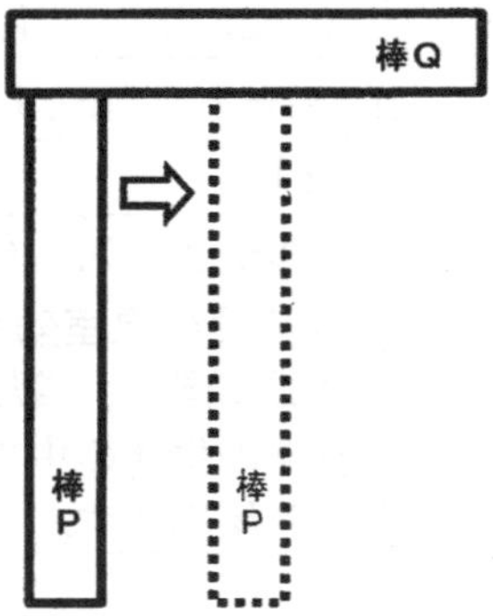

図２

のりこ　　棒磁石の特ちょうをうまく利用した実験だね。

(1)　**図１**中の**棒磁石Ｂ**の［　あ　］は、Ｎ極、Ｓ極のどちらでしたか。当てはまる極を、「Ｎ」「Ｓ」のいずれかから選んで書いてください。また、選んだ理由を、解答らんに合うように書いてください。

(2)　［　い　］に当てはまる言葉を、次の**ア**〜**ウ**の中から一つ選び、その記号を書いてください。

ア　100ｇよりも重くなった　　**イ**　100ｇよりも軽くなった　　**ウ**　100ｇのままだった

(3)　下線部において、**棒Ｐ**がどのようになったから、**棒Ｑ**が棒磁石であるということがわかりましたか。解答らんに合うように書いてください。

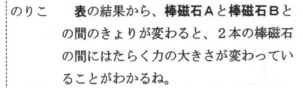

令和五年度　県立中等教育学校入学者選考

受検番号	
氏名	

〔作文問題〕（時間五十分）

次の**1**、**2**の作文問題のうち、いずれか一つを選び、あとの**注意**にしたがって作文を書いてください。

1　「あいさつをすることの大切さ」について、具体的な体験をまじえながら、そのことを通して、考えたことを書いてください。

2　「自分の住んでいる地域の好きなところ」について、具体的な体験をまじえながら、そのことを通して、考えたことを書いてください。

3	(1)		
	(2)	①	
		②	
		③	
	(3)		

1	2	3

	(3)	( ) m^2							
6	(1)	あ		い		う		え	
	(2)	お							
	(3)	保存修理には多くの費用がかかるので、 ( ) 工夫をしている。							

1	2	3

4	5	6	合　計
			※50点満点 （配点非公表）

受検番号

氏名

選んだ作文問題の番号

番

100字

200字

得　　点

※50点満点

2)

600字

500字

400字

300字

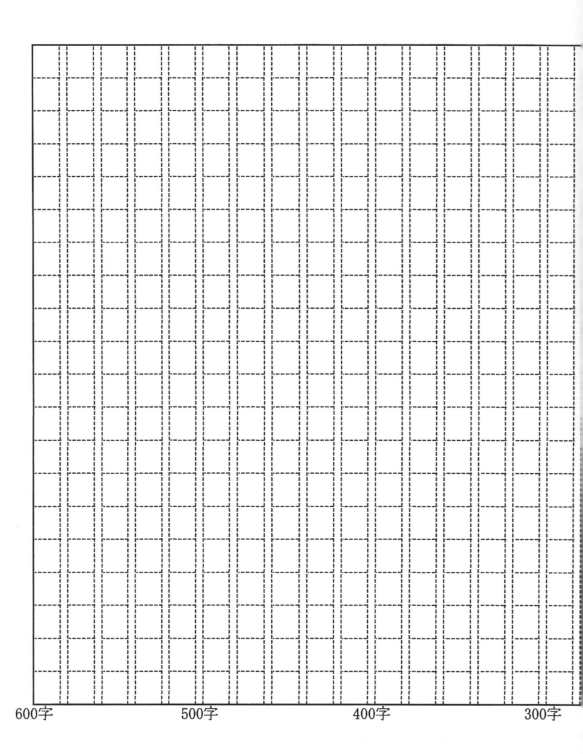

受検番号		氏　名	

令和５年度県立中等教育学校入学者選考適性検査解答用紙（２枚目）

4	(1)	極		理由	はかりが示す重さが１００ｇよりも（　　　　　　　　　　）ことから、（　　　　　　　　）力が働いていることがわかるため。
	(2)				
	(3)	棒Ｑの真ん中付近で、棒Ｐが（　　　　　　　　　　　　）から。			
5	(1)	（　　　　　　　　）　m²			
	(2)	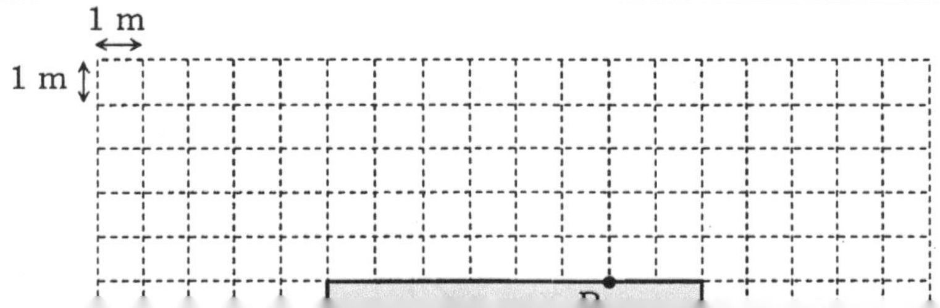			

受検番号		氏　名	

令和５年度県立中等教育学校入学者選考適性検査解答用紙（１枚目）

1	(1)		10	
	(2)			
	(3)	たいちさんが、やすりも、おどりや笑いと同じように		
			10	
		と考えたのだと、ひろとさんは思ったから。		
2	(1)	あ		
	(2)	い		う
	(3)	ア　え		イ　（　　　）枚

【解答用

① 選んだ作文問題の番号を、所定のらんに書くこと

② 作文の題は、つけないこと。

③ 段落は、内容に応じて設けること。

④ 文章の長さは、四百字から六百字までとする。

5　**図1**のように、縦《たて》4ｍ、横8ｍの長方形の土地に建物が建っており、点Ｐの位置からのばしたひもに、犬がつながれています。犬は、ひもの届く範囲《はんい》で、建物の外側を自由に動くことができます。ひもの長さを変えたときの、犬が動くことができる範囲の面積について考えます。下の(1)～(3)の問いに答えてください。ただし、犬の大きさや、ひもの太さ、ひものの\び縮《ちち》みは考えないものとします。また、**円周率は**3.14とします。

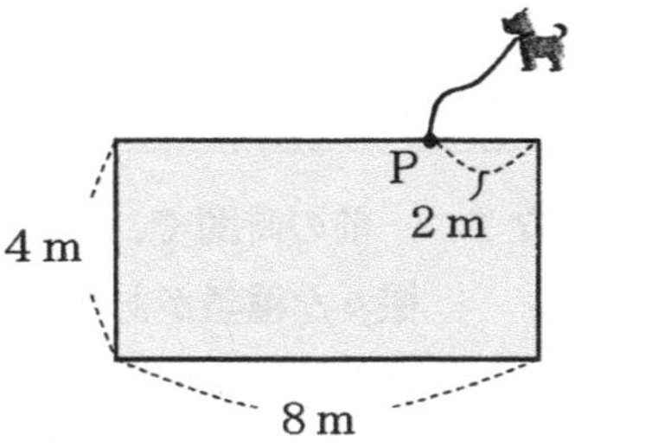

図1

(1)　ひもの長さが2ｍのとき、犬が動くことができる範囲は、**図2**のしゃ線部分になります。このとき、犬が動くことができる範囲の面積は何m^2か書いてください。

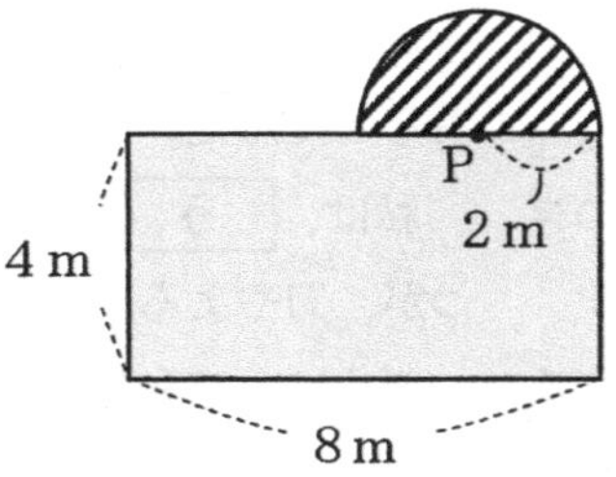

図2

(2)　ひもの長さが4ｍのとき（**図3**）、犬が動くことができる範囲を、**図2**にならって、解答らんの図の中にかいてください。解答らんの点線で示されたマス目の縦横の長さは、ともに1ｍとします。

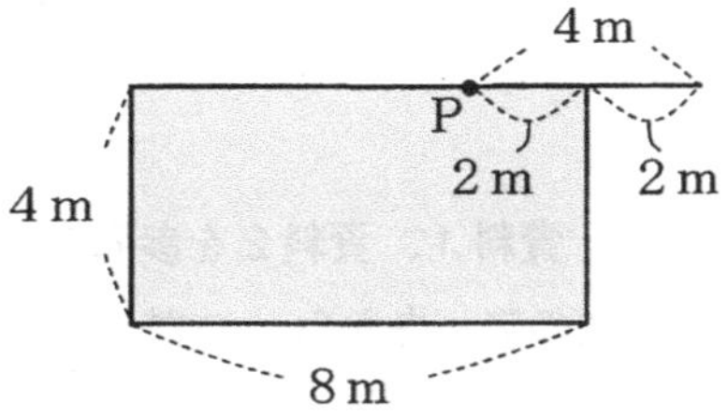

図3

(3)　ひもの長さが8ｍのとき、犬が動くことができる範囲の面積は何m^2か書いてください。

6　次の文章は、ななこさんたちが、総合的な学習の時間に、愛媛県の文化財について話し合っている場面の会話文です。この文章を読んで、下の(1)～(3)の問いに答えてください。

ななこ　前の時間で、文化財について調べたら、**資料１**、**資料２**のように、文化財には様々な種類があることや、愛媛県にも貴重《きちょう》な文化財がたくさんあることがわかったよね。今日は、愛媛県の文化財について調べてきたことを報告しようよ。

ゆうた　ぼくは、［ あ ］のうち、特に建造物を調べたくて、松山市の道後《どうご》温泉《おんせん》本館に行ったよ。道後温泉本館は<u>保存《ほぞん》修理</u>中で入れない場所があって残念だったなあ。でも、近くの工芸品店で、砥部焼《とべやき》の湯飲みを買ったよ。お店の人に、砥部焼は、古くから愛媛に伝わる焼き物の技術で、愛媛県が［ い ］に指定しているって教えてもらったんだ。

さつき　私は、［ う ］を調べたわ。愛媛県には12の［ う ］があるんだけど、そのうち八つが、刀《かたな》やよろいなどの工芸品で、全部が今治市の大山祇《おおやまづみ》神社にあるのよ。

とおる　ぼくは、宇和島市に住んでいる祖父に、伊予《いよ》神楽《かぐら》について教えてもらったよ。

ななこ　私も見たことがあるわ。伝とう的な衣装《いしょう》を着た人たちが、たいこやふえに合わせておどっていて迫力《はくりょく》があったけど、おどりも文化財になるのかしら。

とおる　うん。伊予神楽は、宇和島市とその周辺の神社で、昔から受けつがれてきた民俗芸能《みんぞくげいのう》なんだ。ぼくたちの生活の変化や、昔の日本の生活を知る手がかりになる貴重なものだから、国に指定された、愛媛県でただ一つの［ え ］なんだよ。

(1)　**資料１**、**資料２**を参考にして、文中の［ あ ］～［ え ］にそれぞれ当てはまる言葉を、次の**ア**～**キ**から一つずつ選び、その記号を書いてください。

ア　国宝　　**イ**　人間国宝　　**ウ**　有形文化財　　**エ**　無形文化財
オ　民俗文化財　　**カ**　有形民俗文化財　　**キ**　無形民俗文化財

(2)　**資料２**中の［ お ］に当てはまる数を、次の**ア**～**エ**の中から一つ選び、その記号を書いてください。

ア　115(8)　　**イ**　123(8)　　**ウ**　131　　**エ**　131(8)

(3)　**資料３**、**資料４**は、会話文中の下線部についての資料です。**資料３**を見ると、文化財の保有者の多くが、「文化財の保存修理に費用がかかる」というなやみを持っていることがわかります。このなやみを解決するために、道後温泉を管理している人たちは、どのような工夫をしているか、**資料４**をもとにして、「寄付」「お礼」「ホームページ」という<u>三つ</u>の言葉を使って、解答らんに合うように書いてください。ただし、三つの言葉は、それぞれ何度使ってもよいこととします。

【資料１】文化財の種類の説明

有形《ゆうけい》文化財	有形文化財とは、建造物(寺や城、橋など)や美術工芸品(絵画、仏像など)など、人がつくった形のあるもののうち、歴史や芸術的に価値《かち》の高いもののことです。そのうち特に価値の高いものを「国宝《こくほう》」といいます。
	例：道後温泉本館
無形《むけい》文化財	無形文化財とは、演げき・音楽・工芸の技術など、古くから伝わる人間の技術そのもののことです。その技術を身に付け、現在に伝えていると認《みと》められた人は「人間国宝」と呼ばれます。
	例：歌舞伎《かぶき》、有田焼《ありたやき》
民俗《みんぞく》文化財	民俗文化財とは、衣食住、仕事、信こうなどの日常生活の中で、人々が生み出し、受けついできた日本の風習や芸能などのことです。 民俗文化財のうち、神楽やぼんおどりなど、日本の風習や芸能そのものを「無形民俗文化財」といい、風習や芸能に使う衣装や道具などを「有形民俗文化財」といいます。
	例：阿波《あわ》人形《にんぎょう》浄瑠璃《じょうるり》

(愛媛県ホームページほかによる)

【資料２】愛媛県の文化財の数

文化財の種類		国指定	県指定	計
有形文化財	建造物	50(3)	31	81(3)
	絵画	1	15	16
	ちょう刻《こく》	15	42	57
	工芸品	86(8)	37	お
	書せき等	6	12	18
	考古資料	2(1)	7	9(1)
	歴史資料	1	2	3
無形文化財		0	3	3
民俗文化財	有形民俗文化財	1	8	9
	無形民俗文化財	1	36	37
合計		163(12)	193	356(12)

注　(　)の中の数は、(　)の前の数にふくまれている「国宝」の数を表している。

(愛媛県ホームページによる)

【資料３】文化財保有者へのアンケート

文化財の保存に関してなやみはあるか。

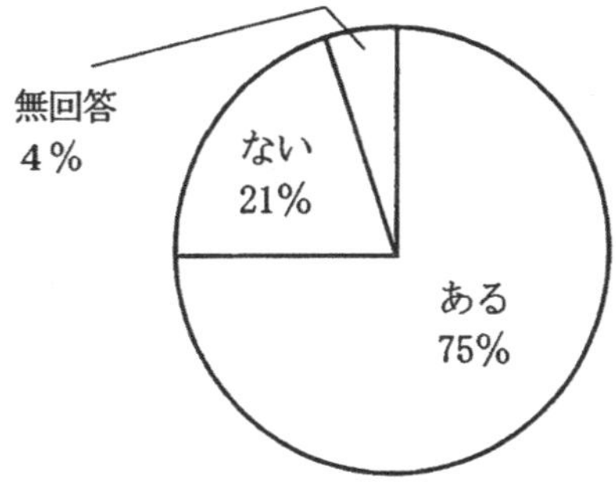

「ある」と答えた人の具体的ななやみ（回答が多かった順）

1　保存修理に費用がかかる
2　日常の管理が難《むずか》しい
3　防災・防犯対策《たいさく》が十分でない

(「愛媛県文化財保存活用大こう」による)

【資料４】道後温泉ホームページ

「道後温泉本館の保存修理工事の寄付について」

道後温泉本館は、2019年から保存修理工事を始めました。保存修理には多くの費用がかかるため、費用の一部として、みな様から寄付を集めます。

寄付をしていただいた方には、ホテルの宿はく券や、道後温泉本館の屋上のたいこを鳴らすことができる権利《けんり》など、特別なお礼を用意しています。

一人でも多くの方のご支えんをお待ちしています。

くわしくは、道後温泉公式ホームページの「お知らせ」をご覧《らん》ください。

https://dogo.jp/xxxxxxxxxxxx

令和４年度県立中等教育学校
入学者選考適性検査問題

（時間60分）

愛媛県立今治東中等教育学校
愛媛県立松山西中等教育学校
愛媛県立宇和島南中等教育学校

【注　　意】

1　問題冊子《さっし》、解答用紙（１枚目、２枚目）の受検番号らん、氏名らんにそれぞれ受検番号、氏名を記入すること。

2　解答は、全て解答用紙の決められた場所に記入すること。

受検番号		氏　名	

＃教英出版 編集部　注
編集の都合上、解答用紙は表裏１枚にまとめてあります。

1　次の文章は、かおりさんたちが、「とんち」（とっさに働くちえ）で有名な「一休《いっきゅう》さん」の話について話し合っている場面の会話文です。この文章を読んで、下の(1)～(3)の問いに答えてください。

【一休さんのとんち話】

A　となり村の寺のお坊《ぼう》さんが、一休さんにちえ比べをいどみ、「日本一長い字を書け。」と言った。一休さんは、自分の寺からとなり村の寺まで、すき間なく紙を置くよう、お坊さんにお願いした。そして、その紙に、筆でたてに長いまっすぐな一本の線を引き続けた後、線の最後になるところを右上に丸くはらって、ひらがなの「［ア］」を完成させた。お坊さんは、この対応により、負けを認《みと》めた。

B　ある男が、一休さんにごちそうをふるまった際に、一休さんにちえ比べをいどみ、「お椀《わん》の中のお汁《しる》は、ふたを取らずに味わってください。」と言った。しばらくして、一休さんは、「せっかくのお汁が冷めてしまいましたので、ふたを取らずに温かいものと取りかえてください。」と切り返した。男は、この対応により、負けを認め、温かいお汁の入ったお椀を持ってきて、「どうぞお椀のふたを取って、味わってください。」と言った。

かおり　一休さんは、室町《むろまち》時代の一休宗純《そうじゅん》というお坊さんをモデルにしているのよ。

まこと　AもBも、一休さんが、ちえ比べでうまく切り返した話だね。

ひろし　Aは、「日本一長い字」をどうすれば書けるのかという問題に、ひらがなの「［ア］」の特ちょうをうまく使って切り返したところがすごいね。

かおり　「日本一長い字」について、「［ア］」のほかにないか考えてみたんだけれど、まっすぐのばした線の最後になるところを、左上に丸くはらっても答えになるわね。

まこと　本当だ。見方を変えると、ひらがなの「［イ］」になっているよ。

かおり　Bに似た話で、「びょうぶの虎《とら》」という話もあるわよ。将軍《しょうぐん》から「びょうぶにかかれた虎をつかまえよ。」と言われた一休さんは、「今から虎をつかまえますので、びょうぶから虎を［　ウ　］。」とお願いしたのよ。将軍は、一休さんの対応により、負けを認め、ほうびの品をあたえたという話ね。

まこと　Bと「びょうぶの虎」の話は、確かによく似ているね。男も将軍も、難《むずか》しい問題を出して一休さんを負かそうとしていたのに、最後には、一休さんにうまく切り返されて、<u>答えに困《こま》り</u>、負けを認めているよ。

ひろし　ぼくたちも、これから、難しい問題にぶつかったとしても、一休さんのように、うまく対応することができるようになりたいね。

(1)　文中の［ア］、［イ］にそれぞれ当てはまるひらがな一字を書いてください。

(2)　文中の［　ウ　］に当てはまる言葉を、6字以上10字以内で書いてください。

(3)　下線部について、男も将軍も答えに困ったのはどうしてですか。「一休さんより先に」という言葉を使って、解答らんに合うように書いてください。

2　次の文章は、先生が、カードを使った問題について、さくらさんたちに説明している場面の会話文です。この文章を読んで、下の(1)～(4)の問いに答えてください。

先　生　　**図1**のように、1から5までの数が1つずつ書かれたカードがそれぞれ3枚、合計15枚あります。この中から3枚選んで、カードに書かれた数の和を計算します。和を計算したら、選んだカードを元にもどします。例えば、3のカードを2枚、5のカードを1枚選んだときは、和は11になります。それでは、3枚のカードを選ぶとき、最も小さい和はいくらになりますか。

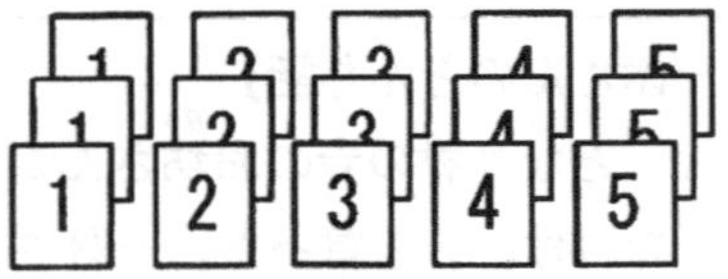

図1

さくら　　3です。
先　生　　そうですね。次に、最も大きい和はいくらになりますか。
かえで　　[ア]です。
先　生　　そうですね。次に、カードに書かれた数の和が5になるように、カードを3枚選びましょう。どのカードを選びましたか。
ひろし　　「1と1と3」のカードを選びました。
先　生　　ほかの選び方をした人はいますか。ただし、「3と1と1」「1と3と1」のように、選んだカードの順番を入れかえた答えは、「1と1と3」と同じ選び方をしたものとします。「1と1と3」以外の選び方を答えてください。
かえで　　「[イ]」のカードを選びました。
先　生　　そうですね。この選び方でも、カードに書かれた数の和が5になりますね。次に、カードに書かれた数の和が9になるように、カードを3枚選びましょう。どのカードを選びましたか。
さくら　　「1と3と5」のカードを選びました。
かえで　　わたしは、「2と2と5」のカードを選びました。
先　生　　ほかの選び方をした人はいますか。
ひろし　　「[ウ]」のカードを選びました。
先　生　　そうですね。次はカードの枚数を減らして考えましょう。**図2**のように、1と2と4の数が1つずつ書かれたカードがそれぞれ3枚、合計9枚あります。この中から3枚選んで、カードに書かれた数の和を計算します。和を計算したら、選んだカードを元にもどします。最も小さい和は、3ですね。また、最も大きい和は、12ですね。そのほかの和がどのような数になるか、確かめてみましょう。

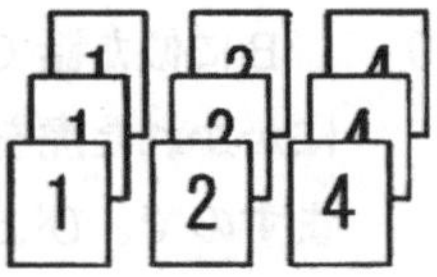

図2

(1)　[ア]に当てはまる数を書いてください。

(2)　[イ]に当てはまる、3枚のカードに書かれた数を書いてください。

(3)　[ウ]に当てはまる、3枚のカードに書かれた数は、「1と3と5」「2と2と5」以外に、あと3とおりあります。その3とおりを全て書いてください。

(4)　**図2**の9枚のカードから3枚選んで、カードに書かれた数の和を計算したとき、3から12までの整数のうち、できない整数が1つだけあります。その整数を書いてください。

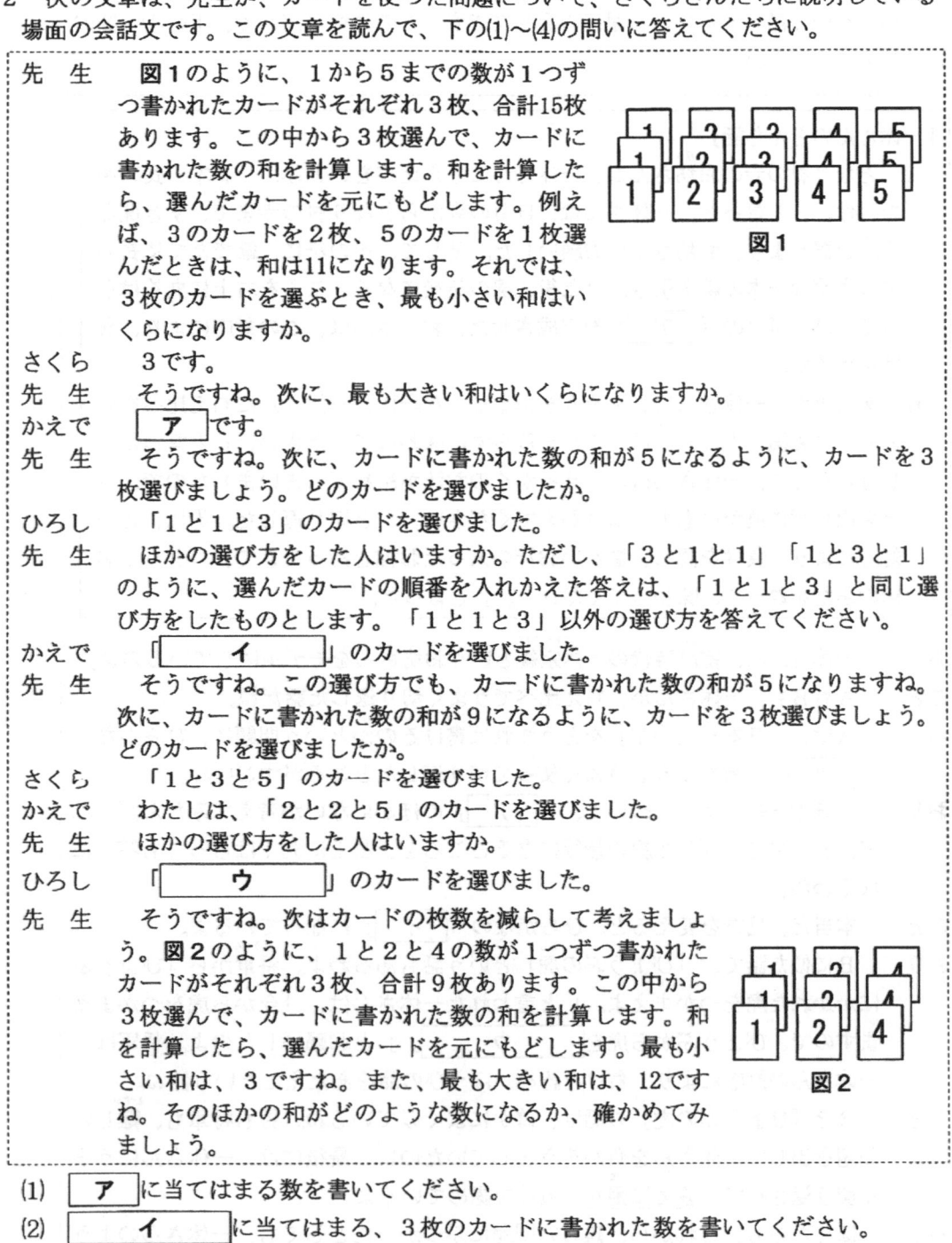

3　次の文章は、ゆりえさんとひろきさんが、キウイフルーツについて話し合っている場面の会話文です。この文章を読んで、下の(1)～(3)の問いに答えてください。

ゆりえ　愛媛県は、みかんなどのかんきつ類の生産で有名だけど、実はキウイフルーツの生産量が日本一なのよ。キウイフルーツは、秋ごろに収かくされる果物で、収かくしてすぐは、とてもすっぱいの。その後、しばらく保存《ほぞん》し、あまくさせてから、食べるのよ。スーパーマーケットなどにおろし売りされる日本産キウイフルーツは、［あ］が一番多く、夏が少ないのよ。

ひろき　でも、家の近くのスーパーマーケットで、８月に、キウイフルーツが、たくさんはん売されているのを見たことがあるよ。

ゆりえ　それは、輸入キウイフルーツよ。輸入キウイフルーツは、全体の約93%がニュージーランドから輸入されたものなの。

ひろき　**資料１**を見ると、南半球にあるニュージーランドは、日本とは季節が逆なんだね。

ゆりえ　**資料２**、**資料３**は、日本産キウイフルーツと輸入キウイフルーツのおろし売り数量やおろし売り価格を表したものよ。**資料２**からは、日本産キウイフルーツのおろし売り数量が少ない時期に、輸入キウイフルーツのおろし売り数量が多くなっていて、［い］ことがわかるわ。

ひろき　だから、キウイフルーツを、日本とは季節が逆の国から輸入しているんだね。

【資料１】１年を３か月ごとに四つの季節に分けたときの目安

季節＼国	日本	ニュージーランド
春	３～５月	９～11月
夏	６～８月	12～２月
秋	９～11月	３～５月
冬	12～２月	６～８月

（気象ちょうホームページほかによる）

【資料２】ある年の日本国内におけるキウイフルーツのおろし売り数量

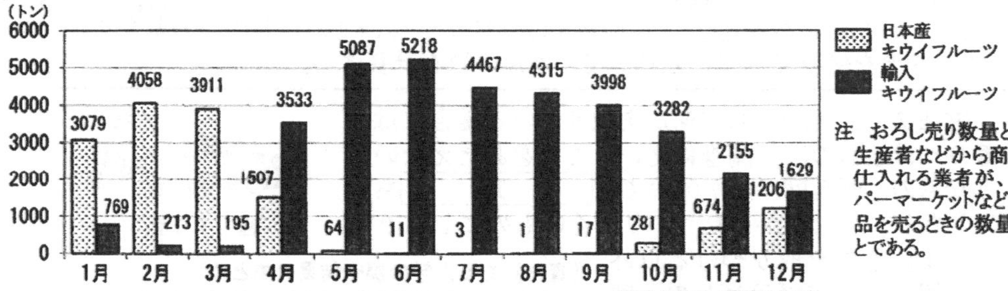

注　おろし売り数量とは、生産者などから商品を仕入れる業者が、スーパーマーケットなどに商品を売るときの数量のことである。

（農林水産省の統計による）

【資料３】ある年の日本国内におけるキウイフルーツ１kg当たりのおろし売り価格　（単位：円）

区分＼月	1月	2月	3月	4月	5月	6月	7月	8月	9月	10月	11月	12月
日本産キウイフルーツ	510	519	536	539	418	578	665	289	449	665	565	522
輸入キウイフルーツ	427	433	446	650	562	559	588	588	596	584	550	477

注　おろし売り価格とは、生産者などから商品を仕入れる業者が、スーパーマーケットなどに商品を売るときの価格のことである。

（農林水産省の統計による）

(1)　文中の［あ］に当てはまる言葉を、**資料１**、**資料２**を参考にして、春、夏、秋、冬の中から一つ選び、漢字一字で書いてください。

(2)　**資料３**から読み取れることを述べた文として適当なものを、次の**ア**～**エ**の中から二つ選び、その記号を書いてください。

ア　それぞれの月で、１kg当たりのおろし売り価格を比べると、いずれの月も、日本産キウイフルーツよりも輸入キウイフルーツのほうが安い。

イ　輸入キウイフルーツ１kg当たりのおろし売り価格が500円以下の月は、いずれの月も、日本産キウイフルーツ１kg当たりのおろし売り価格が500円以上である。

ウ　輸入キウイフルーツ１kg当たりのおろし売り価格が一番高い月の、日本産キウイフルーツ１kg当たりのおろし売り価格と、輸入キウイフルーツ１kg当たりのおろし売り価格との差は、131円である。

エ　日本産キウイフルーツ１kg当たりのおろし売り価格と、輸入キウイフルーツ１kg当たりのおろし売り価格との差が最も小さい月は、11月である。

(3)　文中の［い］に当てはまる言葉を、「キウイフルーツ」「一年中」という二つの言葉を使って書いてください。

4　次の文章は、ひろやさんたちが、川にイワナが何匹《なんびき》生息《せいそく》しているかについて話し合っている場面の会話文です。この文章を読んで、下の⑴～⑶の問いに答えてください。

ひろや　この間、川に生息しているイワナの数が減っているというニュースを、テレビで見たときに、イワナの数をどのように数えているか不思議に思ったんだ。まさか、川のイワナを全部とって、数を数えるなんてことはできないし。

のりこ　私も、川に生息している魚の数をどのように調査しているのか知りたいと思ったことがあって、調べたことがあるの。川に生息している魚のおよその数を知るための方法はいくつかあるけど、そのうちの二つの方法を、それぞれ次のように簡単《かんたん》にまとめてみたわ。

方法１

①　調べたい川で、魚をとり（１回目）、とった魚の数を数える。※もとの川にはもどさない。
②　数日後に、同じ場所で同じように魚をとり（２回目）、とった魚の数を数える。
③　それぞれの回にとった魚の数をもとに、次の式を使って、川に生息している魚の数を計算する。

$$(\text{川に生息している魚の数}) = \frac{(\text{１回目にとった数}) \times (\text{１回目にとった数})}{(\text{１回目にとった数}) - (\text{２回目にとった数})}$$

方法２

①　調べたい川で、魚をとり（１回目）、とった魚の数を数え、とった魚の全てに目印をつけ、もとの川にもどす。
②　数日後に、同じ場所で同じように魚をとり（２回目）、とった魚の数と、その中で目印がついている魚の数を数える。
③　２回目にとった魚の数をもとにしたときの、目印がついていた魚の数の割合《わりあい》を求める。この割合を使って、川に生息している魚の数を計算する。

方法２で、目印として何かを取りつける場合には、取りつけるものは、調査にえいきょうをあたえないようなもの、例えば、魚が泳いでも［　ア　］ものにしたり、鳥などから見つかりにくいものにしたりするのよ。ものを取りつける以外に、**図**に示すアブラビレの一部に切りこみを入れて目印とすることもあるわね。

図　イワナ

【資料】ある大学の調査結果のまとめ

	１回目（５月１日）	２回目（５月４日）
川Ａでとったイワナの数（匹）	60	45
川Ｂでとったイワナの数（匹）	50	40

	１回目（５月１日）	２回目（５月４日）
川Ｃでとったイワナの数（匹）	60	40 （内、目印がついていたイワナ８）
川Ｄでとったイワナの数（匹）	40	30 （内、目印がついていたイワナ５）

先　生　のりこさんはよく調べていますね。ところで、右の**資料**は、ある大学が**川Ａ～川Ｄ**を調査したときの結果をまとめたものです。この調査でも、アブラビレに切りこみを入れて目印にしたそうですよ。
　それでは、これらの結果を使って、**川Ａ～川Ｄ**に生息しているイワナの数を、計算して求めてみましょう。

⑴　**川Ａと川Ｂ**それぞれに生息しているイワナの数は、**資料**をもとに、**方法１**で計算すると、どちらの川のほうが多いですか。イワナの数が多いほうの川を、**Ａ**、**Ｂ**の記号で書いてください。また、多いほうの川のイワナの数も書いてください。

⑵　**川Ｃ**に生息しているイワナの数は、**資料**をもとに、**方法２**で計算すると、300匹になりました。同じように、**川Ｄ**に生息しているイワナの数は、**資料**をもとに、**方法２**で計算すると、何匹になるか書いてください。

⑶　調査にえいきょうをあたえないようにするために、どのようなものをイワナに取りつければよいですか。文中の［　ア　］に当てはまる言葉を書いてください。

令和四年度　県立中等教育学校入学者選考

受検番号		氏名	

〔**作文問題（時間五十分）**〕

次の**1**、**2**の作文問題のうち、いずれか一つを選び、あとの**注意**にしたがって作文を書いてください。

1　「助け合うことの大切さ」について、具体的な体験をまじえながら、そのことを通して、考えたことを書いてください。

2　「学校をよりよくするために取り組みたいこと」について、具体的な体験をまじえながら、そのことを通して、考えたことを書いてください。

		（　　）と（　　）と（　　）	
	(4)		
3	(1)		
	(2)		
	(3)		

1	2	3

6	(2)	( ) → ( ) → ( ) → ( )	
	(3)	P	
		Q	
		R	
		S	

1	2	3

4	5	6	合　計

※50点満点
（配点非公表）

受検番号

氏名

選んだ作文問題の番号　番

100字

200字

得点

※50点満点
（配点非公表）

600字 500字 400字 300字

受検番号		氏　名	

令和４年度県立中等教育学校入学者選考適性検査解答用紙（２枚目）

4	(1)	イワナの数が多いほうの川		イワナの数	（　　　　　）　匹
	(2)	（　　　　　）　匹			
	(3)				
5	(1)	（　　　　　）　ｃｍ			
	(2)	（　　　　　）　ｃｍ			
	(3)	（　　　　　）　ｃｍ			

受検番号		氏　名	

令和４年度県立中等教育学校入学者選考適性検査解答用紙（１枚目）

1	(1)	ア		イ	
	(2)	6　10			
	(3)	一休さんからの切り返しによって、男も将軍も、（　　　）から。			
2	(1)				
	(2)	（　　）と（　　）と（　　）			
		（　　）と（　　）と（　　）	（　　）と（　　）と（　　）		

【解答用

① 選んだ作文問題の番号を、所定のらんに書くこと

② 作文の題は、つけないこと。

③ 段落は、内容に応じて設けること。

④ 文章の長さは、四百字から六百字までとする。

5　次の文章は、先生とまさおさんが、一辺の長さが１㎝の正方形をいくつか使ってできる図形の周りの長さについて話し合っている場面の会話文です。この文章を読んで、下の(1)～(3)の問いに答えてください。

先　生　　６個の正方形を使った**図１**の図形の周りの長さはいくらですか。

まさお　　**図１**の図形の周りにある１㎝の辺の数を数えるとわかります。12㎝です。

先　生　　そうですね。それでは、**図２**の図形の周りの長さはどうですか。

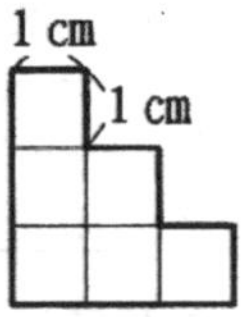

図１

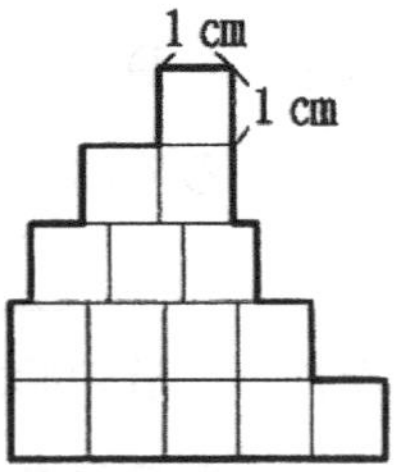

図２

まさお　　辺の長さがわからないところがあります。

先　生　　それでは、**図１**の図形の周りの長さはいくらになるか、ほかの方法で考えてみましょう。**図３**のように、｜で示した辺を右に、**図４**のように、―で示した辺を上に移動させると、**図１**の図形の周りの長さは、**図５**のようになり、一辺の長さが３㎝の正方形の周りの長さと同じになりますね。

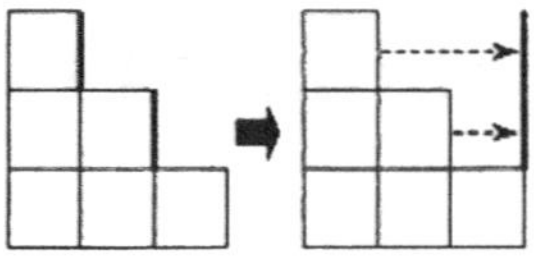

図３

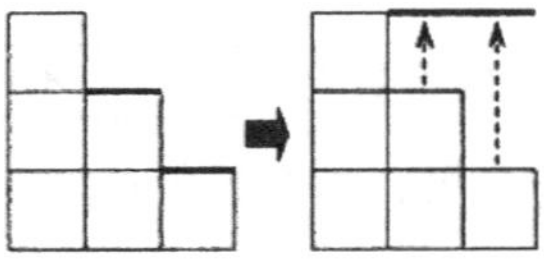

図４

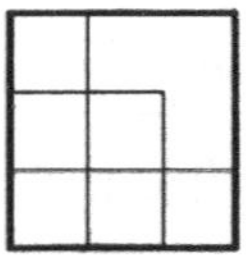

図５

まさお　　わかりました。一辺の長さが３㎝の正方形なので、３×４で12㎝です。確かに、数えたときと同じ長さですね。

(1)　一辺の長さが１㎝の正方形を10個使ってできる**図６**の図形の周りの長さは何㎝か書いてください。

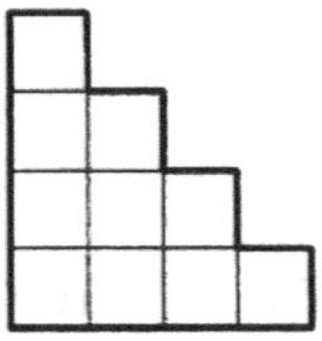

図６

(2)　**図２**の図形の周りの長さは何㎝か書いてください。

(3)　**図７**のように、一辺の長さが１㎝の正方形を、一番下に21個、その上に19個、その上に17個というように、両はしの正方形を１個ずつ減らしながら、１個になるまで並《なら》べていき、左右ともに規則正しく階段《かいだん》状になっている図形を作ります。このときできる図形の周りの長さは何㎝か書いてください。

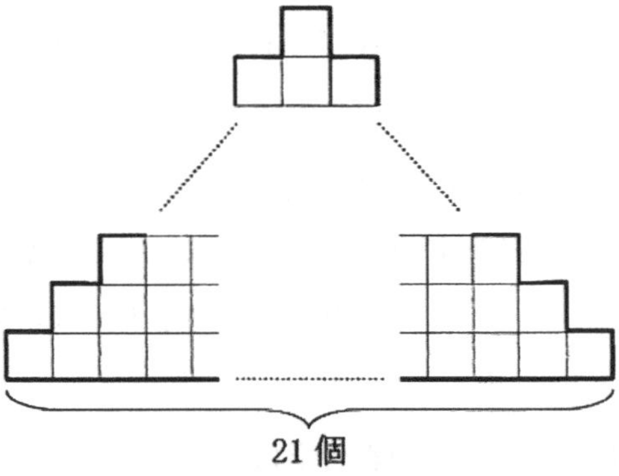

図７

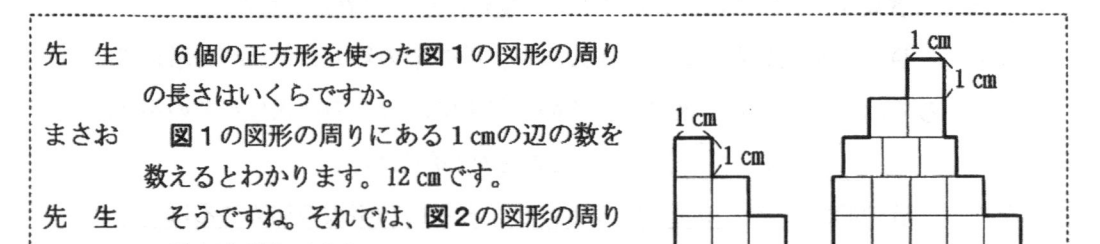

6　次の文章は、ひなたさんとゆうとさんが、人口について話し合っている場面の会話文です。この文章を読んで、下の(1)～(3)の問いに答えてください。

ひなた　**資料１**、**資料２**は、日本の人口の変化について表したものね。

ゆうと　**資料１**を見ると、日本の総人口が、前の年の総人口と比べて増えているのは、［ア］年が最後で、その翌年《よくとし》以降《いこう》、日本の総人口が前の年と比べて、［イ］続けていることがわかるね。

ひなた　昔の話だけど、1940年代の終わりごろと1970年代の初めごろは、子どもの生まれた数が多く、それぞれ第一次ベビーブーム、第二次ベビーブームと呼《よ》ばれているそうよ。第二次ベビーブーム以降は、子どもの生まれる数が減少し、総人口にしめる子どもの人口の割合《わりあい》が低く、高齢者《こうれいしゃ》の人口の割合が高くなる、少子高齢化が進んでいるみたいね。

ゆうと　日本以外の国では、どうなっているのかな。**資料３**を見てみよう。

(1)　文中の［ア］に当てはまる数と、［イ］に当てはまる言葉を、**資料１**を参考にして、それぞれ書いてください。

(2)　**資料２のグラフＡ～グラフＤ**は、それぞれ1950年、1970年、1990年、2010年のいずれかの日本の年代別人口分布を示したものです。文中の下線部を参考に、**グラフＡ～グラフＤ**を、年代の古い順に、**Ａ～Ｄ**の記号を並《なら》べて書いてください。

(3)　**資料３**のグラフは、０～14才、15～64才、65才以上について、総人口にしめる、それぞれの人口の割合の変化を表したものです。**Ｐ～Ｓ**は、それぞれイギリス、中国、インド、日本のいずれかに当たります。次の説明文を読んで、**Ｐ～Ｓ**に当たる国の名前をそれぞれ書いてください。

【説明文】

○1960年の、日本とイギリスそれぞれの、総人口にしめる15～64才の人口の割合を比べると、日本のほうが少ない。

○1990年の、イギリスと中国それぞれの、総人口にしめる０～14才の人口の割合を比べると、イギリスのほうが少ない。

○中国の2018年の総人口にしめる65才以上の人口の割合は、日本の2018年の総人口にしめる65才以上の人口の割合の半分以下である。

○インドの2018年の総人口にしめる０～14才の人口の割合は、日本の2018年の総人口にしめる０～14才の人口の割合の２倍以上である。

【資料1】

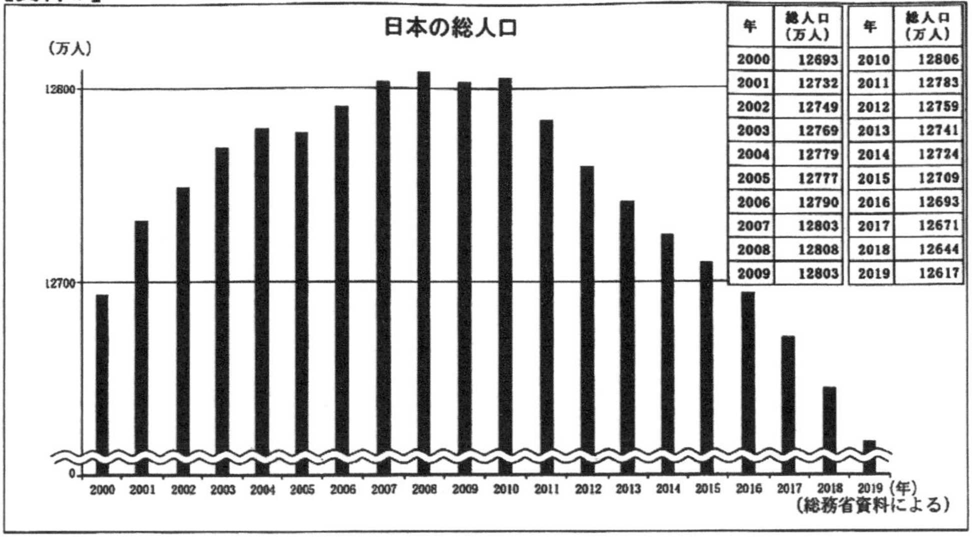

年	総人口(万人)	年	総人口(万人)
2000	12693	2010	12806
2001	12732	2011	12783
2002	12749	2012	12759
2003	12769	2013	12741
2004	12779	2014	12724
2005	12777	2015	12709
2006	12790	2016	12693
2007	12803	2017	12671
2008	12808	2018	12644
2009	12803	2019	12617

(総務省資料による)

【資料2】

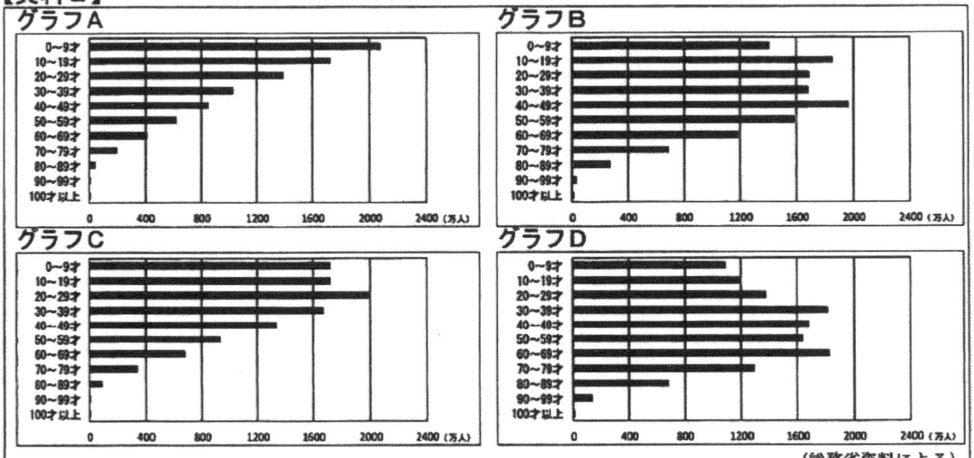

(総務省資料による)

【資料3】

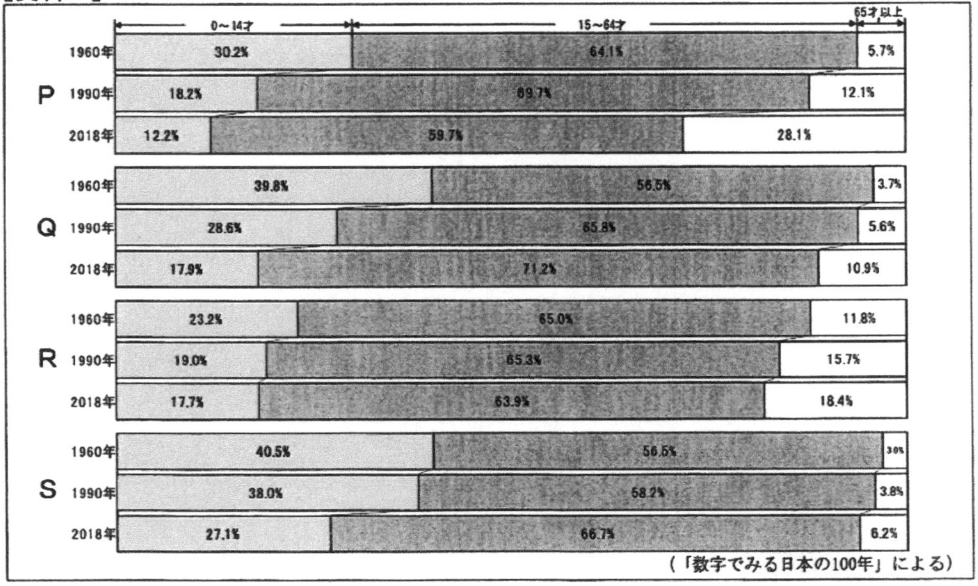

(「数字でみる日本の100年」による)

愛媛県

令和３年度県立中等教育学校
入学者選考適性検査問題

（時間60分）

愛媛県立今治東中等教育学校
愛媛県立松山西中等教育学校
愛媛県立宇和島南中等教育学校

【注　意】

1　問題冊子《さっし》、解答用紙（１枚目、２枚目）の受検番号らん、氏名らんにそれぞれ受検番号、氏名を記入すること。

2　解答は、全て解答用紙の決められた場所に記入すること。

受検番号		氏　名	

＃教英出版 編集部　注
編集の都合上、解答用紙は表裏１枚にまとめてあります。

1　次の文章は、さおりさんたちが、師匠《ししょう》から弟子《でし》に伝えられた教えについて話し合っている場面の会話文です。この文章を読んで、下の(1)～(3)の問いに答えてください。

A　著作権上の都合により省略いたします　教英出版編集部

（立川談春《たてかわだんしゅん》『赤めだか』による。）

B　弓の初心者は、二本の矢を持ってはいけない。（吉田兼好《よしだけんこう》『徒然草《つれづれぐさ》』による。）

C　塔《とう》組みは、木組み。　木組みは、木のくせ組み。

木のくせ組みは、人組み。　人組みは、人の心組み。

（西岡常一《にしおかつねかず》『法隆寺《ほうりゅうじ》を支えた木』による。）

さおり　Aは、落語の師匠が、入門直後の弟子に向けて言った言葉よ。落語を含《ふく》めた芸の世界では、芸は、師匠が直接教えるものではなく、弟子が師匠の技術をわきから見て学び取るものだとされているのよ。けれど、この師匠は、最初は自分が教えたとおり覚えればよいと言っているわ。この師匠は、「芸を盗む」ことについて、独特な考え方を持っていたのね。

みつお　Bは、弓の師匠が、弟子に向けて言った言葉だよ。弓で矢を射《い》るときには、普通《ふつう》、二本の矢を持って的に向かい、一本ずつ矢を射るけれど、この師匠は、初心者の弟子に対して、一本だけ持って的に向かうように指導しているね。この後、師匠は、「初心者が、二本の矢を持って的に向かうと、［　イ　］という気持ちが起こり、なかなか上達しない。」とも言っているよ。気持ちをゆるめず一本の矢を当てることに集中することの大切さを教えたんだね。

まさと　Cは、お寺にある塔などを建てる「宮大工」の世界で伝えられている言葉だよ。ここで言う「木のくせ」とは、「木の特ちょうや持ち味」という意味だよ。たくさんの木を集めて、りっぱな塔を建てるためには、「木のくせ」を理解し、それを生かしながら建てていくことが大切だと言っているね。さらに、それと同じくらい、宮大工たちの個性を生かしながら、［　ウ　］ことも大切だと言っているよ。

みつお　師匠の深い考えや、独自の教えが示されている言葉は、それぞれの分野で大事なものとして引き継《つ》がれてきたんだね。

(1)　文中の［　ア　］には、師匠が「芸を盗む」ことについて持っていた考え方を説明した言葉が当てはまります。［　ア　］に当てはまる言葉を、「経験」という言葉を使って、15字以内で書いてください。

(2)　［　イ　］に当てはまる言葉を、「矢」という言葉を使って、15字以内で書いてください。

(3)　［　ウ　］に当てはまる言葉を、「心」という言葉を使って、10字以上15字以内で書いてください。

2　次の文章は、先生が、碁石《ごいし》を使った問題について、ひろとさんたちに説明している場面の会話文です。この文章を読んで、下の(1)～(4)の問いに答えてください。

先生　　これから、いくつかの黒色の碁石を、三角形（**図１**）の①～⑥の場所に置きます。まず、３個の碁石を置く場合を考えます。３個の碁石を**図１**の①と②と③の場所に置くと、１つの辺に３個ならびます（**図２**）。このように、１つの辺に３個ならぶような置き方が、ほかに２とおりあります。３個の碁石をどこに置けばよいですか。

ひろと　　［　ア　］です。

先生　　よくできました。次に、ちがう置き方も考えてみましょう。３個の碁石を**図１**の②と④と⑥の場所に置くと、どの辺にも１個の碁石があります（**図３**）。それでは、どの辺にも２個の碁石があるように置くとき、３個の碁石をどこに置けばよいですか。

みゆき　　［　イ　］です。

先生　　よくできました。

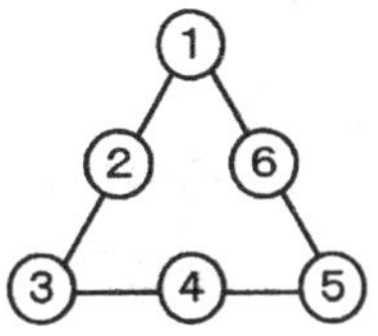

図１

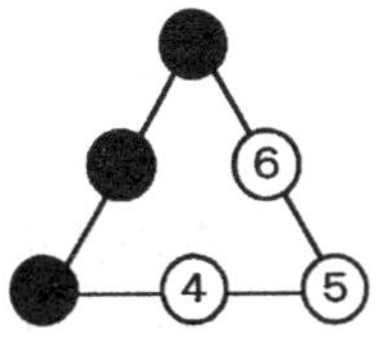

図２

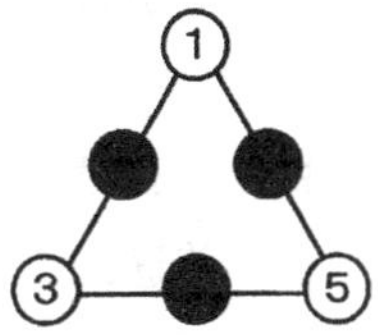

図３

(1)　［　ア　］に当てはまる、ひろとさんが答えた２とおりの碁石の置き方が分かるように、解答らんの図の番号をぬりつぶしてください。

(2)　［　イ　］に当てはまる、みゆきさんが答えた碁石の置き方が分かるように、解答らんの図の番号をぬりつぶしてください。

(3)　４個の碁石を置く場合を考えます。**図４**、**図５**のように碁石を４個置くと、３個ならぶ辺はありません。３個ならぶ辺がないような置き方は、ほかに４とおりあります。その４とおりのうち、いずれか１とおりの碁石の置き方を選び、解答らんの図の番号をぬりつぶしてください。

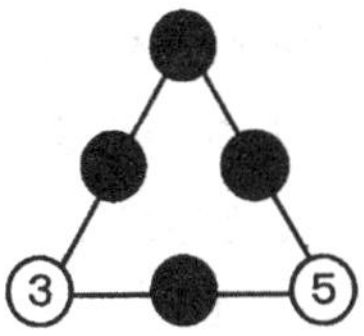

図４

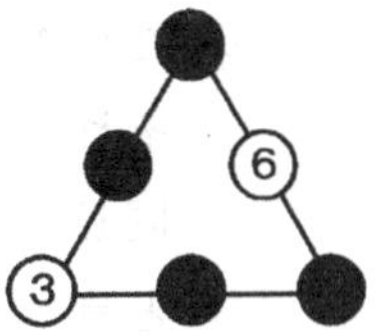

図５

(4)　４個の碁石を置く場合を考えます。**図６**～**図８**のように碁石を４個置くと、１つの辺に３個ならびます。このとき、**図６**～**図８**の碁石を置いている場所に書かれている数の和は、それぞれ 10、11、12 となります。４個の碁石を使い、１つの辺に３個ならぶような置き方は、ほかにもいくとおりかあります。４個の碁石を使い、１つの辺に３個ならぶように置いたとき、碁石を置いている場所に書かれている数の和は、最大でいくらになるか書いてください。

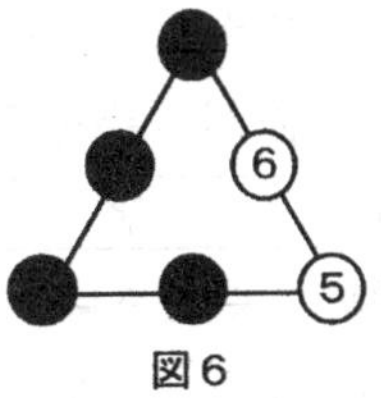

図６

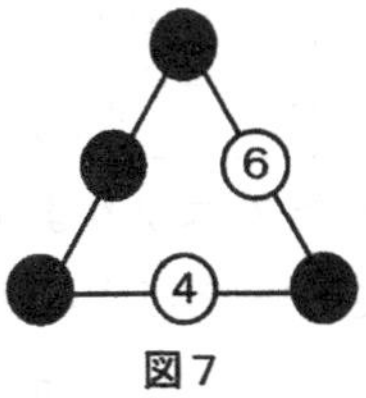

図７

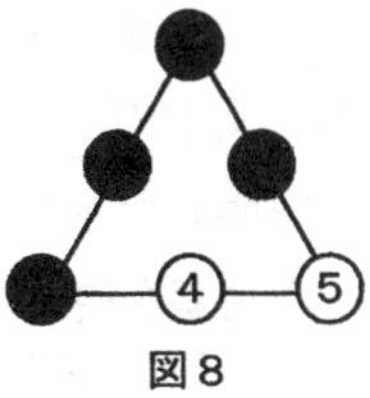

図８

3　小学6年生のやすしさんは、長期の休み中に家族で旅行に行くことになり、旅行について調べてみました。**資料1**、**資料2**は、そのときに使ったものです。これらの資料を見て、下の(1)～(3)の問いに答えてください。

【資料1】

日本人の国内旅行における、主な宿はく観光旅行同行者の変化

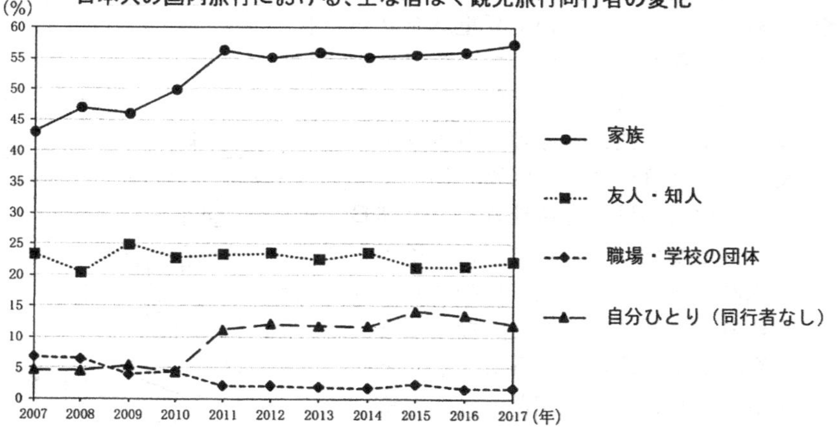

注1　宿はく観光旅行同行者とは、いっしょに旅行に行く人たちのことである。
注2　日本人の国内旅行における、主な同行者をあげており、合計は100%にならない。（日本観光振興《しんこう》協会資料による）

【資料2】

8月の宿はく料金カレンダー

日	月	火	水	木	金	土
1 C	2 A	3 A	4 A	5 A	6 B	7 D
8 B	9 A	10 C	11 C	12 D	13 E	14 E
15 E	16 D	17 C	18 B	19 B	20 D	21 D
22 C	23 B	24 A	25 A	26 A	27 C	28 C
29 B	30 A	31 A				

1ぱくの宿はく料金

記号	1ぱくの宿はく料金
A	大人　7000円
	子ども　3500円
B	大人　8000円
	子ども　4000円
C	大人　9000円
	子ども　4500円
D	大人　10000円
	子ども　5000円
E	大人　12000円
	子ども　6000円

注1　カレンダー内の**A**～**E**は、右の宿はく料金表中の記号を表しており、例えば、1日（日曜日）から2はく3日で宿はくした場合、宿はく料金は**C**と**A**になる。
注2　「子ども」とは、6～12歳のことである。

(1)　**資料1**を見ると、2007年から2017年までのどの年においても、（　①　）に行く人の割合《わりあい》が最も多いことが分かります。また、（　②　）に行く人の割合を、2007年と2017年で比べると、2017年は2007年の2倍以上に増えています。①、②にそれぞれ当てはまる言葉を、次の**ア**～**エ**から一つずつ選び、その記号を書いてください。ただし、同じ記号を、二度使ってはいけません。

ア　家族と旅行　　**イ**　友人・知人と旅行
ウ　職場・学校の団体で旅行　　**エ**　自分ひとり（同行者なし）で旅行

(2)　**資料2**は、家族連れがよく利用するあるホテルの8月の宿はく料金を表したカレンダーです。このカレンダーを見ると、ホテルが、宿はく料金の設定の仕方を工夫していることが分かります。どのような工夫をしているか、「宿はく料金」「宿はく者数」という二つの言葉を使って、具体的に書いてください。

(3)　やすしさんは、お父さん、お母さんと、8月に、**資料2**のホテルに宿はくし、2はく3日の旅行に行くことになりました。お父さんとお母さんは、月曜日から金曜日までが仕事で、土曜日と日曜日が休みですが、今回、この旅行のために、土曜日と日曜日以外にもう1日、二人で同じ日に休みを取ることにしています。8月何日に出発すれば最も安い料金で宿はくできるか、書いてください。

4　次の文章は、ゆりこさんとたつやさんが、かん電池と豆電球を使った回路について話し合っている場面の会話文です。この文章を読んで、下の(1)～(3)の問いに答えてください。

ゆりこ　この間、授業でかん電池と豆電球を使った回路について学んだわね。

たつや　**図1**のようにつないで豆電球を光らせたり、**図2**のようにつないで二つの豆電球を光らせたりしたね。そこで今度は、かん電池、豆電球、スイッチを使って、**図3**のような回路を作ってみたよ。はじめは、豆電球**A**と豆電球**B**が二つとも光っていたけど、スイッチを入れると、二つの豆電球のうち、豆電球**B**だけが消えたんだ。なぜだろう。

ゆりこ　それはね、**図4**のようにつなぐと、豆電球のない方に電流が流れ、豆電球のある方には電流が流れないからなの。だから、**図3**でスイッチを入れると、［　　］の部分で、スイッチのある方だけに電流が流れて、豆電球**B**がある方には電流が流れなくなり、豆電球**B**が光らなくなるのよ。

たつや　それなら、**図5**のような回路を作り、スイッチの入れ方を変えると、光る豆電球を変えることができるね。

ゆりこ　ところで、スイッチには、**図6**のような変わったスイッチもあるのよ。このスイッチは三路《さんろ》スイッチといって、私たちの身のまわりでも利用されているわ。

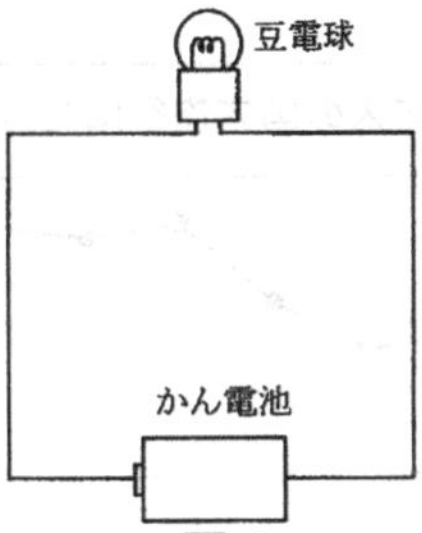

図1

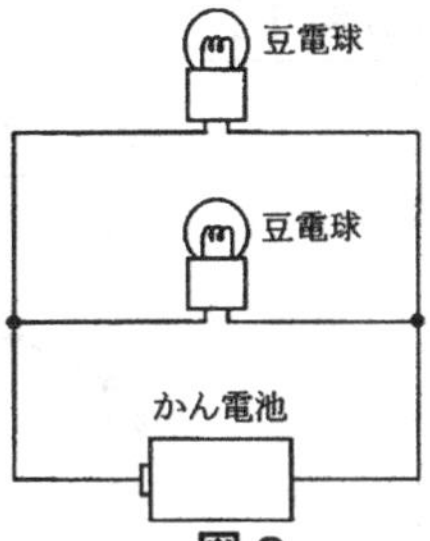

図2

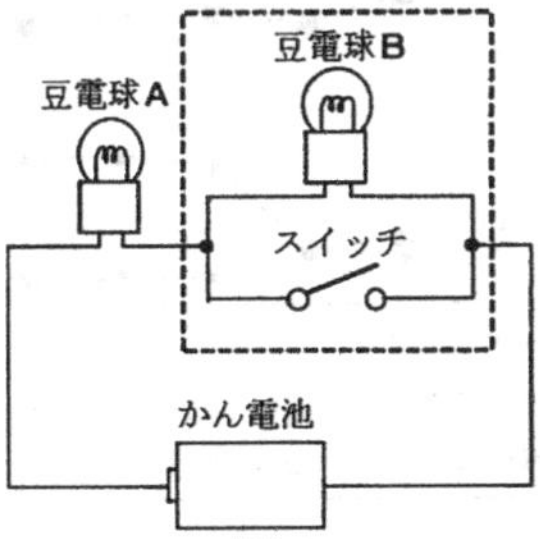

図3

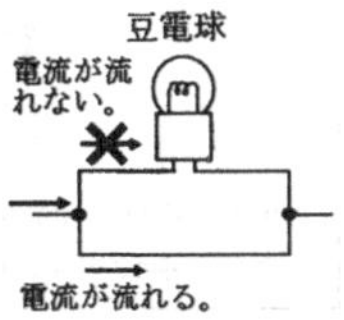

図4

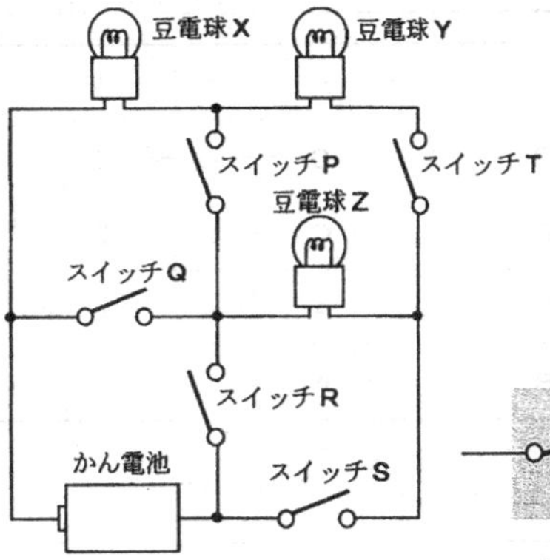

図5

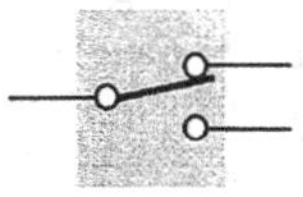
図6

(1)　**図5**の回路において、スイッチ**Q**とスイッチ**S**を両方入れると、豆電球が一つだけ光ります。光る豆電球は、どれですか。**X**～**Z**の記号で書いてください。

(2)　**図5**の回路において、豆電球**Y**、豆電球**Z**の二つだけを光らせるためには、どのスイッチを入れるとよいですか。スイッチ**P**～スイッチ**T**について、入れる場合は「○」、入れない場合は「×」を、それぞれ書いてください。

(3)　三路スイッチを**図7**のように二つ使うと、どちらのスイッチからでも、豆電球を光らせたり消したりすることができるようになります。私たちの身のまわりにおいて、三路スイッチが、どのような場所で、どのような使い方をされているか、例を一つ書いてください。

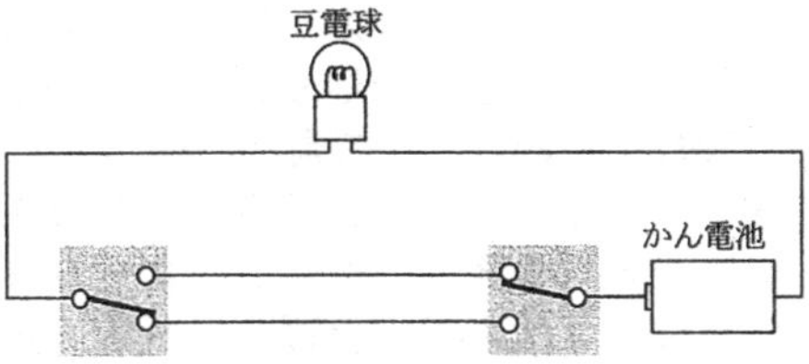

図7

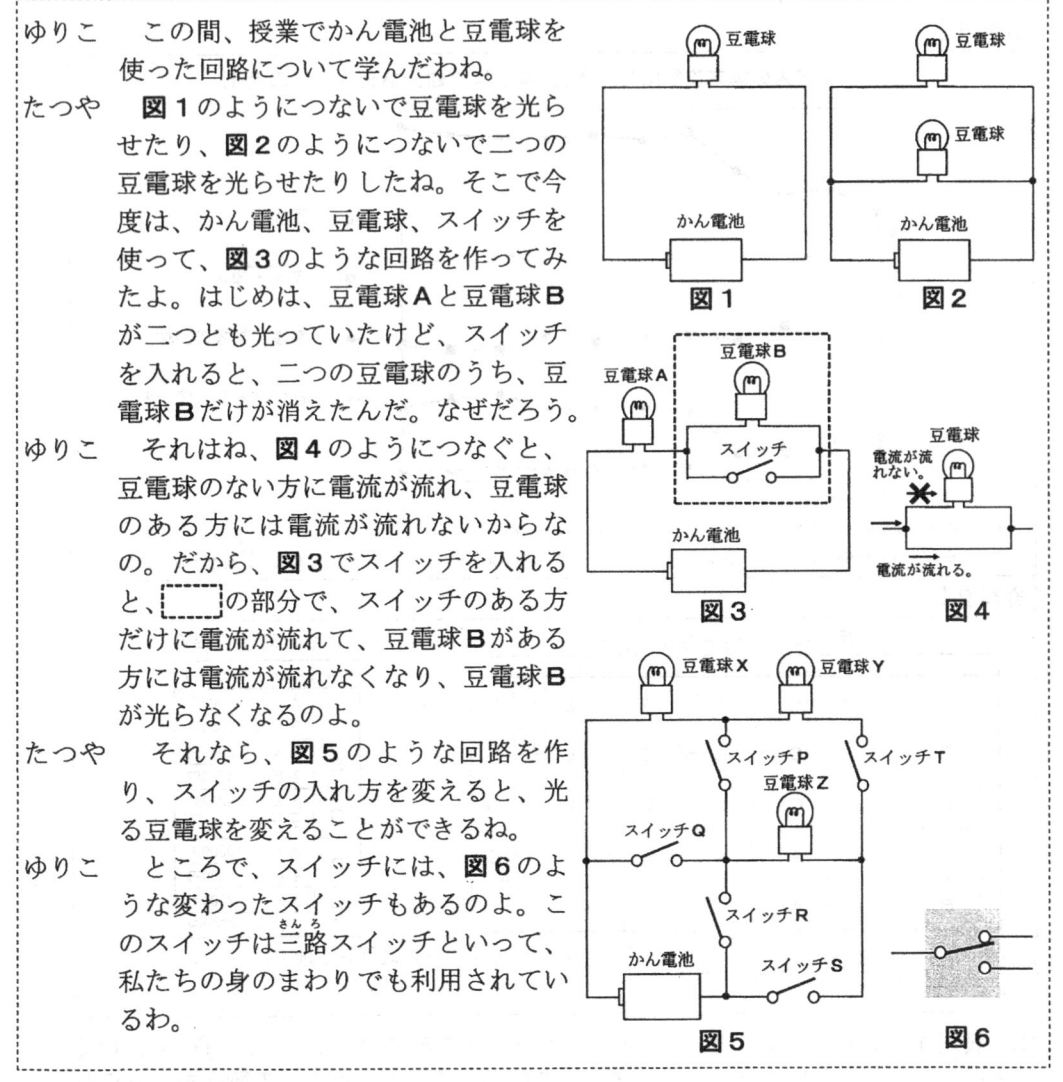

令和三年度　県立中等教育学校入学者選考

受検番号		氏名	

〔**作文問題**（**時間五十分**）〕

次の**1**、**2**の意見のうち、いずれか一つを選び、その意見に対するあなたの考えを、あとの**注意**にしたがって書いてください。

1　「自由研究に取り組むときには、これまで取り組んだことのない新しい研究を始めるよりも、これまでに取り組んだことのある研究を深めるほうがよい。」

2　「しゅみは、たくさんあるよりも、一つのほうがよい。」

〈**注意**〉

①　自分が選んだ意見の番号を、所定のらんに書くこと。

②　**1**、**2**のいずれかの意見に対して、「賛成できる」「賛成できない」など、あなたの立

	(2)	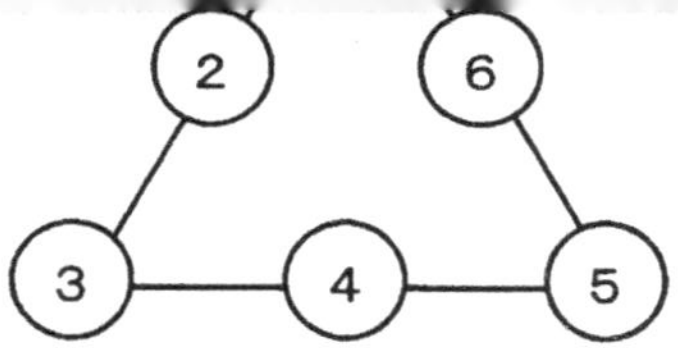	(3)	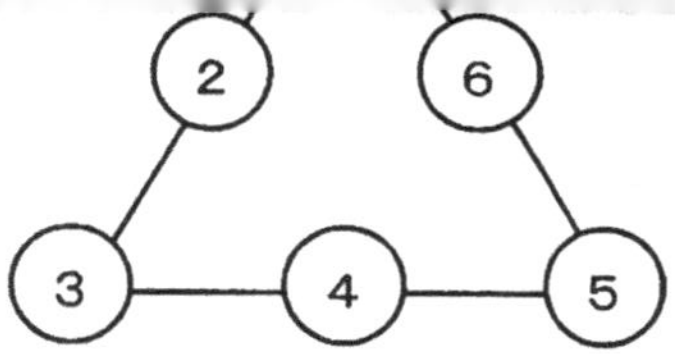
	(4)			
3	(1)	①	②	
	(2)			
	(3)	8月（　　　　）日		

1	2	3

6	(1)			
	(2)	(　　　　　　　)から。	資料の番号	
	(3)	(　　　　　　　)から。	資料の番号	
	(4)	(　　　　　　　)から。	資料の番号	

1	2	3

4	5	6	合　計

※50点満点
(配点非公表)

受検番号

氏名

選んだ意見の番号　　番

100字

200字

得点

※50点満点

600字

500字

400字

300字

受検番号		氏　名	

令和３年度県立中等教育学校入学者選考適性検査解答用紙（２枚目）

4	(1)	豆電球（　　　）				
	(2)	P（　　）	Q（　　）	R（　　）	S（　　）	T（　　）
	(3)	場　所				
		使い方				
5	(1)	ア		イ		
	(2)	（　　　　　）　枚				

受検番号		氏　名	

令和３年度県立中等教育学校入学者選考適性検査解答用紙（１枚目）

1	(1)	15
	(2)	15
	(3)	10　15
2	(1)	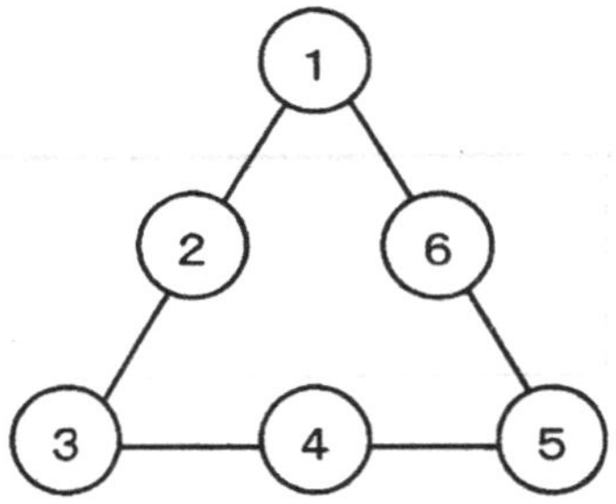 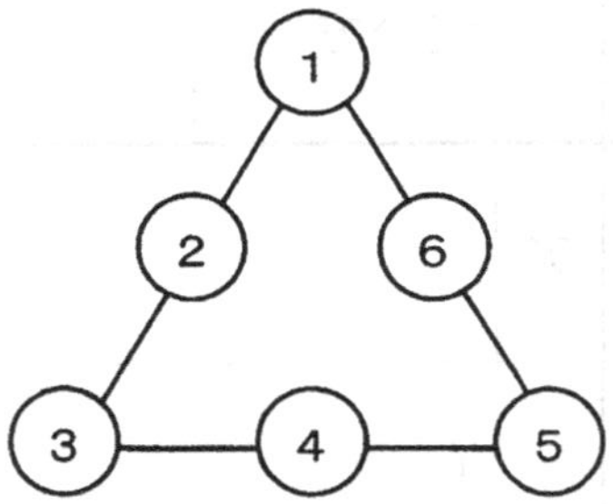

【解答用

③　なぜそう考えるかという理由を書くこと。

④　あなたが体験したこと（見たり聞いたりしたことでもよい）をまじえて書くこと。

⑤　段落は、内容に応じて設けること。

⑥　文章の長さは、四百字から六百字までとする。

5　正方形の折り紙がたくさんあります。これらの折り紙を、のりしろの幅《はば》を１㎝にして規則的にはり合わせて長方形を作り、その周りの長さについて考えます。

例えば、**図１**のように、一辺の長さが３㎝の折り紙を２枚はり合わせたときにできる長方形の周りの長さ（太線の長さ）は、16㎝になります。

また、**図２**のように、一辺の長さが３㎝の折り紙を３枚はり合わせたときにできる長方形の周りの長さ（太線の長さ）は、20㎝になります。

下の(1)～(3)の問いに答えてください。

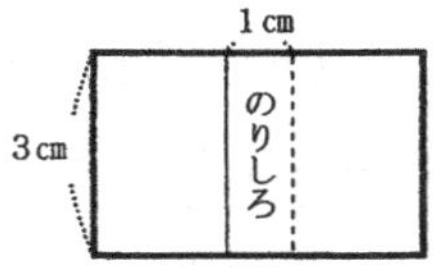

図１

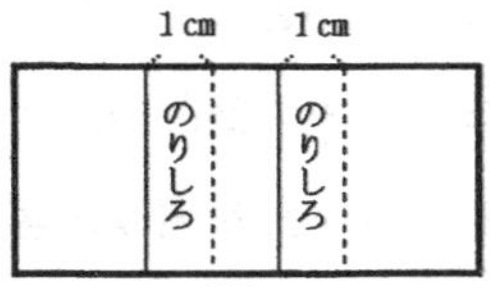

図２

(1)　**表**は、一辺の長さが３㎝の折り紙をはり合わせていったときの、使った折り紙の枚数と、できる長方形の周りの長さをまとめたものです。**表**中の[ア]、[イ]に当てはまる数を書いてください。

表

使った折り紙の枚数（枚）	2	3	4	5	…
長方形の周りの長さ（㎝）	16	20	ア	イ	…

(2)　一辺の長さが３㎝の折り紙を何枚かはり合わせると、できた長方形の周りの長さは80㎝となりました。このとき、折り紙は何枚必要か書いてください。

(3)　一辺の長さが<u>５㎝</u>の折り紙を、のりしろの幅を１㎝にして規則的に何枚かはり合わせて長方形を作ると、できた長方形の周りの長さは420㎝となりました。このとき、折り紙は何枚必要か書いてください。

6　次の文章は、あるスーパーマーケットについて書かれたものです。この文章と資料を読んで、あとの(1)～(4)の問いに答えてください。ただし、(2)～(4)については、**資料１～資料５**の中から必要なものを参考にして答えてください。

　このスーパーマーケットでは、売り上げを増加させるための工夫や、お客さんに快適に買い物をしてもらうための工夫をしています。

　まず、主力商品の置き場所です。このスーパーマーケットでは、食卓《しょくたく》のメイン食材である肉や魚を買うお客さんが多く、肉や魚はよく売れる主力商品となっています。しかし、主力商品を入り口近くの売り場に配置してしまうと、お客さんは、それだけを手に取って、会計を済《す》ませてしまうため、他の売り場にある商品は売れにくくなってしまいます。そこで、肉や魚を店の奥《おく》に配置し、それを買うために来たお客さんが、店内の奥に行く途中《とちゅう》で他の商品も目にするようにしています。そうすることで、お客さんを、肉や魚以外の商品も買いたくなる気持ちにさせ、売り上げの増加につなげているのです。

　また、このスーパーマーケットでは、商品をあえて雑に配置した売り場も設けています。例えば、カゴの中にかんづめなどの特売品を雑に入れることで、商品の安さや特売感をアピールしています。

　さらに、このスーパーマーケットでは、お客さんに快適に買い物をしてもらうために、持ち運びに苦労する、米などの重い商品はレジに近いところに配置しています。

(1)　**図**は、このスーパーマーケットの店内の配置図です。上の文章を参考にして、図中の**ア**～**エ**のうち、肉や魚の配置場所に当たるものを一つ選び、その記号を書いてください。

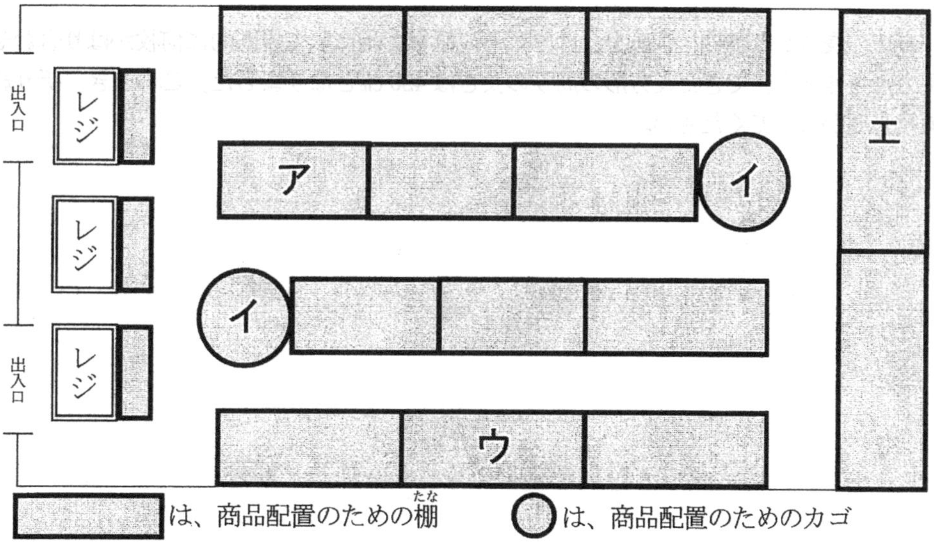

図

(2) このスーパーマーケットでは、次のような工夫をしています。これらの工夫をする理由として考えられることを一つ書いてください。また、あなたがそのように考えるときに参考にした**資料**の番号を一つ書いてください。

【工夫】
・「野菜売り場」に「ドレッシング」を配置する。
・「パン売り場」に「ジャム」を配置する。

(3) このスーパーマーケットでは、レジ前に、かん電池やガムなどを配置しています。このような商品の配置をする理由として考えられることを一つ書いてください。また、あなたがそのように考えるときに参考にした**資料**の番号を一つ書いてください。

(4) このスーパーマーケットでは、商品に対して、右の**チラシ**のような価格をつけることで、お客さんの、商品を買おうとする気持ちを高める工夫をしています。このような価格をつける理由として考えられることを一つ書いてください。また、あなたがそのように考えるときに参考にした**資料**の番号を一つ書いてください。

チラシ

【資料1】

○新商品をはん売するときは、試食コーナーを設けることで、商品の良さをアピールしている。

【資料2】

○お客さんは、レジ前にならんでいるときに、目にとまった商品を、ついつい買ってしまうことが多い。

【資料3】

○売り場に、種類は異《こと》なるが関連する商品をならべることで、片方《かたほう》の商品だけではなく、もう一方の商品もセットで買ってもらうチャンスを増やしている。

【資料4】

○からあげやサラダなどのそうざいは、曜日や天気によって売れる量が変化するので、過去のデータをいかして、売れ残りが出ないように最適な量を作っている。

【資料5】

○けた数があがる手前の価格をつけることにより、お客さんに、お買い得であるという気持ちを起こさせる効果がある。

【適

愛媛県

令和２年度県立中等教育学校
入学者選考適性検査問題

（時間60分）

愛媛県立今治東中等教育学校
愛媛県立松山西中等教育学校
愛媛県立宇和島南中等教育学校

【注　　意】

1　問題冊子《さっし》、解答用紙（１枚目、２枚目）の受検番号らん、氏名らんにそれぞれ受検番号、氏名を記入すること。

2　解答は、全て解答用紙の決められた場所に記入すること。

受検番号		氏　名	

＃教英出版 編集部　注
編集の都合上、解答用紙は表裏１枚にまとめてあります。

1　次の文章は、みつおさんたちが、江戸時代の川柳《せんりゅう》について話し合っている場面の会話文です。この文章を読んで、下の(1)～(4)の問いに答えてください。

A　本《ほん》ぶりになって出て行く雨宿り
B　通り抜《ぬ》け無用で通り抜けが知れ
C　うたた寝《ね》の書物は風がくって居る
D　そののちはこわごわ翁《おきな》竹を割《わ》り

（川柳集「誹風柳多留《はいふうやなぎだる》」による。）

みつお　Aから Dの川柳について話し合ってみようよ。

さおり　Aの川柳では、①雨宿りをしている人の期待が外れた様子が想像されておもしろいわ。

まさと　Bの川柳の「通り抜け無用」とは「通り抜け禁止」という意味だけれど、この川柳では、②「通り抜け無用」のはり紙や看板《かんばん》が逆効果になってしまった結果が表現されているんだね。

みつお　Cの川柳の「くって居る」は「めくっている」という意味だね。③人と書物と風の様子がおもしろく表現されているね。

さおり　Dの川柳は、「かぐや姫《ひめ》」の物語に登場する「翁」、つまり、かぐや姫を見つけたおじいさんを題材にしているわ。［　ア　］かもしれないと心配しながら竹を割っているおじいさんの様子が思い浮《う》かぶわ。物語の設定を生かしておもしろさを出すように工夫されていることが分かるわね。

まさと　そうだね。人々が自由に発想し、おもしろく表現する川柳は、江戸時代から現代までずっと親しまれているんだね。

(1)　下線部①とは、どのような様子ですか。解答らんに合うように書いてください。

(2)　下線部②とは、どのような結果ですか。解答らんに合うように書いてください。

(3)　下線部③とは、どのような様子ですか。解答らんに合うように書いてください。

(4)　文中の［　ア　］に当てはまる言葉を書いてください。

2　次の文章は、ひろしさんとお父さんが、お店で買い物をしている場面の会話文です。この文章を読んで、下の(1)～(3)の問いに答えてください。

ひろし　　お父さん、今日は肥料を買うんだよね。

お父さん　そうだよ。うちの畑で育てている野菜のための肥料を買うんだ。野菜が育つには、土と水だけでなく、養分が必要だからね。ここが肥料売り場だよ。

ひろし　　いろいろな種類の肥料が売られているね。この**A肥料**の袋《ふくろ》に書かれている9，12，［ア］の数は何を表しているの。

A肥料
9，12，［ア］
20kg

お父さん　これは、肥料に含《ふく》まれている成分の割合《わりあい》だよ。肥料にはいろいろな成分が入っているのだけど、その中でも特に重要な、チッソ、リン酸、カリウムが含まれている割合を、左から順にパーセント（%）で表しているんだ。パーセントの意味は聞いたことがあるかな。

ひろし　　うん。百分率のことだよね。この肥料の重さが20kgで、チッソの割合が9%だから1.8kg、リン酸の割合が12%だから［イ］kg、カリウムの割合が［ア］%だから2.2kgが、それぞれ含まれているんだね。

お父さん　そのとおりだよ。先日、うちの畑で野菜を育てるために必要な成分の量を調べてもらったら、うちの畑の広さだと、7kg以上8kg以下のチッソと、4kg以上5kg以下のカリウムを追加することが必要だということだったんだ。買った肥料は全部使い切るとして、**A肥料**を何袋買えば、うちの畑にちょうどいいチッソとカリウムの量になるかな。

ひろし　　お父さん、**A肥料**を何袋買っても、ちょうどいい量にはならないよ。2袋買うと、［ウ］はちょうどいい量になるけど、［エ］の量が［オ］よ。4袋買えば、［エ］はちょうどいい量になるんだけど、今度は［ウ］の量が［カ］よ。別の肥料はないのかな。

お父さん　こっちに、**B肥料**、**C肥料**、**D肥料**があったよ。どの肥料を何袋買うと、うちの畑にちょうどいいチッソとカリウムの量になるかな。

B肥料
12, 11, 10
20kg

C肥料
16, 10, 4
20kg

D肥料
13, 10, 8
20kg

ひろし　　**B肥料**、**C肥料**、**D肥料**から選ぶのなら、①1種類の肥料だけを買う買い方でも、②2種類の肥料を組み合わせて買う買い方でも、ちょうどいい量になりそうだよ。

(1)　［ア］、［イ］にそれぞれ当てはまる数を書いてください。

(2)　［ウ］、［エ］にそれぞれ当てはまる言葉を、「チッソ」「カリウム」から一つずつ選んで書いてください。また、［オ］、［カ］にそれぞれ当てはまる言葉を、「多すぎる」「足りない」から一つずつ選んで書いてください。

(3)　下線部①の買い方と、下線部②の買い方を、例にならって書いてください。

【例】（　A　）肥料を（　2　）袋買う。

3　えりさんは、自由研究で、日本を訪《おとず》れる外国人旅行者について調べました。**資料１～資料３**は、そのときに集めたものです。これらの資料を見て、下の(1)～(3)の問いに答えてください。

【資料１】

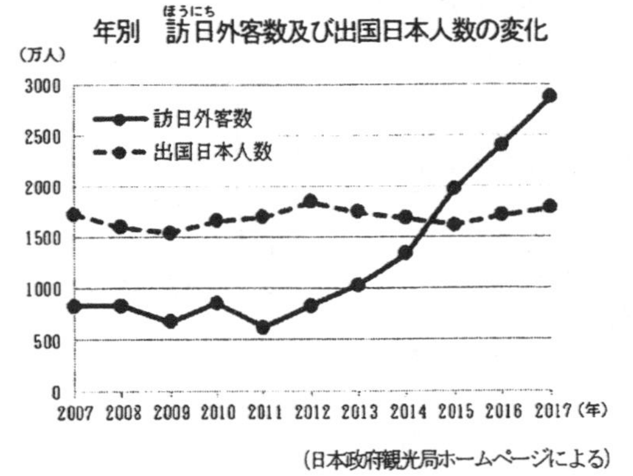

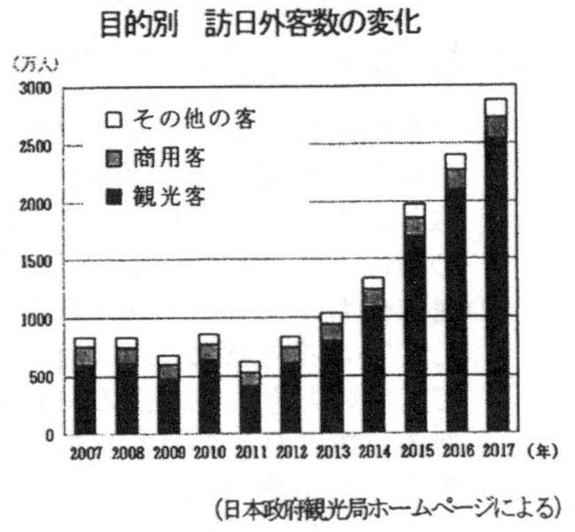

注１　訪日外客とは、日本を訪れる外国人旅行者のことである。

注２　その他の客には、留学、研修などが含まれる。

【資料２】

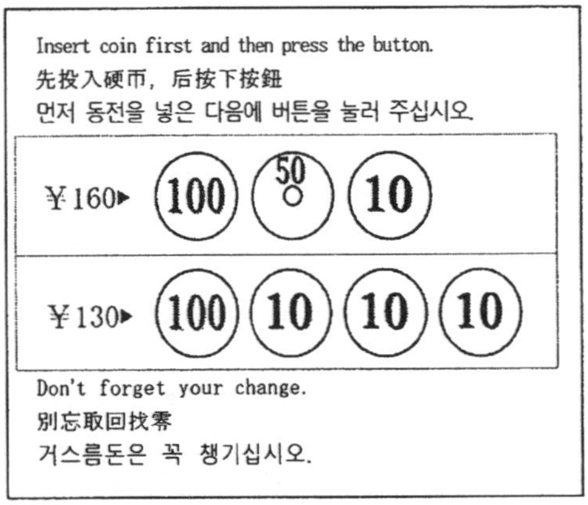

注３　１行目は英語、２行目は中国語、３行目は韓《かん》国語である。

【資料３】

(1)　**資料１**から読み取れることを述べた文として適当なものを、次の**ア～エ**の中から一つ選び、その記号を書いてください。

ア　訪日外客数と出国日本人数を比べると、いずれの年も訪日外客数のほうが下回っている。

イ　出国日本人数が一番多い年と一番少ない年を比べると、その人数の差は約 1000 万人である。

ウ　2011 年から 2017 年にかけて訪日外客数が増加した主な要因は、商用客の数が増加したことである。

エ　2017 年の観光客の数は、2011 年の観光客の数の５倍をこえている。

(2)　**資料２**は日本を訪れる外国人旅行者のために、自動販売機《はんばいき》につけられている表示です。外国人旅行者に分かりやすくするために、この表示の中で工夫されている点を<u>二つ</u>書いてください。

(3)　**資料３**のイラストカードを何枚か組み合わせることによって、日本を訪れる外国人旅行者は、困《こま》ったときに自分の意志を伝えることができます。例えば、①と②のカードを使うと、「かぜを引いたので、病院に行きたいです。」という意志を伝えることができます。**資料３**の③～⑥のカードの中から２枚を選び、それらを使って伝えることができる意志を、解答用紙の例にならって書いてください。ただし、カードの番号は、使った順に書くこととします。

4　次の文章は、ひさおさんとよしえさんが、**さおばかり**という、重さを量る道具について話し合っている場面の会話文です。この文章を読んで、下の(1)～(3)の問いに答えてください。

ひさお　この間、おじいさんに教えてもらって、**図1**のような**さおばかり**を、次のような手順で作ってみたよ。

〈1〉太さが同じでまっすぐな棒《ぼう》をさおにして、皿を糸でつるして固定し、さげおというひもを、皿をつけたはしから少しはなれたところに固定する。また、その横に、おもりをつるしている糸をかける。
〈2〉皿に何ものせないでさげおを持って、おもりをつるしている糸を動かし、さおが水平になるようにして、そのとき、さお上のおもりをつるしている糸がある位置に０ｇの目もりをつける。
〈3〉皿の上に分銅 10ｇをのせてさげおを持って、おもりをつるしている糸を動かし、さおが水平になるようにして、そのとき、さお上のおもりをつるしている糸がある位置に 10ｇの目もりをつける。
〈4〉続けて、分銅 20ｇ、30ｇ……を使って同じようにし、20ｇ、30ｇ……の目もりをつける。

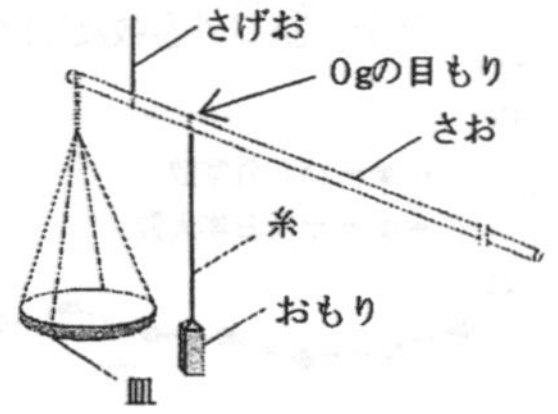

図1　さおばかり

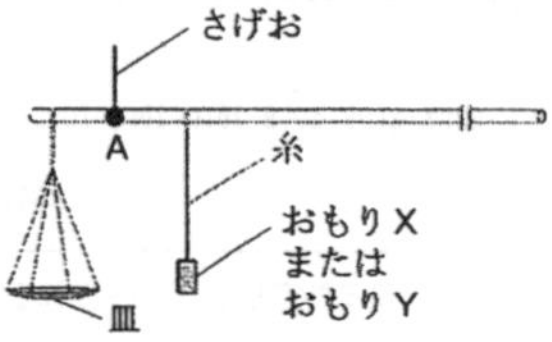

図2

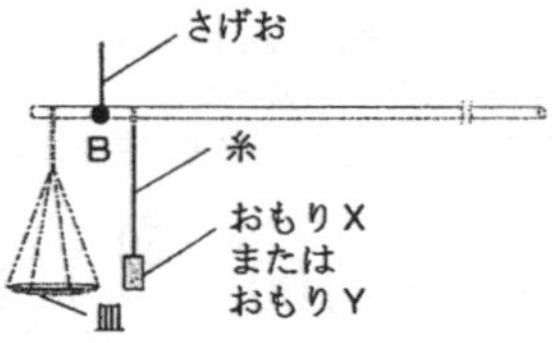

図3

さおばかりで重さを量るには、量ろうとする物を皿にのせて、さげおを手で持って、おもりをつるしている糸を動かし、さおが水平になったときに糸がある位置の目もりを読めばいいんだ。

よしえ　部品や部品の取りつけ方を変えると、いろいろな実験ができそうね。

まず、**図2**のように、Aの位置にさげおを固定し、**おもりX**とそれより重い**おもりY**の二つのおもりを使って目もりをつけてみたわ。次に、**図3**のように、さげおを固定する位置を、Aの位置から皿の方に少し移動させたBの位置に変えて、同じように実験してみたの。**表1**、**表2**は、その結果をまとめたものよ。

表1　図2のさおばかりを使ったときの分銅の重さと０ｇの目もりからのきょり

	10ｇ	20ｇ	30ｇ	40ｇ	50ｇ
おもりX	5cm	10cm	①cm	20cm	25cm
おもりY	2.5cm	5cm	7.5cm	10cm	12.5cm

表2　図3のさおばかりを使ったときの分銅の重さと０ｇの目もりからのきょり

	10ｇ	20ｇ	30ｇ	40ｇ	50ｇ
おもりX	4cm	8cm	12cm	16cm	20cm
おもりY	2cm	4cm	6cm	②cm	10cm

ひさお　**表1**、**表2**の結果を見ると、ある決まりがあることが分かるね。

(1)　**表1**中の［①］、**表2**中の［②］にそれぞれ当てはまる数を書いてください。

(2)　〈2〉の作業について、さげおの位置を変えずに、つるした皿をより重い皿に変えたとき、０ｇの目もりの位置は、皿を変える前の位置と比べて、どのようになるか、次の**ア**～**ウ**の中から一つ選び、その記号を書いてください。

ア　さげおに近づく　　**イ**　さげおから遠ざかる　　**ウ**　変わらない

(3)　よしえさんが実験したとき、**図3**の**さおばかり**では、さおの長さが足りず、ある重さまでしか目もりをつけられませんでした。ある重さ以上の重さを量ることができるようにするためにはどのようにすればよいですか。**表1**、**表2**の結果から考えられる方法を二つ書いてください。ただし、皿の位置は変えず、さおと皿、糸は同じものを使うこととします。

令和二年度　県立中等教育学校入学者選考

受検番号		氏名	

〔作文問題（時間五十分）〕

次の**1**、**2**の意見のうち、いずれか一つを選び、その意見に対するあなたの考えを、あとの**注意**にしたがって書いてください。

1　「日記は、ノートに書くよりも、コンピュータに入力するほうがよい。」

2　「遠足は、歩いて行くよりも、バスで行くほうがよい。」

〈注意〉

①　自分が選んだ意見の番号を、所定のらんに書くこと。

②　**1**、**2**のいずれかの意見に対して、「賛成できる」「賛成できない」など、あなたの立場を明らかにして書くこと。

③　なぜそう考えるかという理由を書くこと。

	(3)	①		（　　）肥料を（　　）袋買う。
		②		（　　）肥料を（　　）袋、（　　）肥料を（　　）袋買う。
3	(1)			
	(2)			
	(3)	例	使ったカードの番号	（　②　）と（　①　）
			伝えることができる意志	（かぜを引いた）ので、（病院に行き）たいです。
		使ったカードの番号		（　　）と（　　）
		伝えることができる意志		（　　）ので、 （　　）たいです。

1	2	3

5		図形あ	図形い	
	(2)	cm^2		
	(3)	枚		
6	(1)		資料の番号	
	(2)		資料の番号	
	(3)		資料の番号	
	(4)		資料の番号	

1	2	3

4	5	6	合　計
			※50点満点 (配点非公表)

受検番号

氏名

※50点満点

選んだ意見の番号　　番

100字

200字

得点

600字 500字 400字 300字

受検番号		氏　名	

令和２年度県立中等教育学校入学者選考適性検査解答用紙（２枚目）

4	⑴	①		②	
	⑵				
	⑶				

	⑴	例	

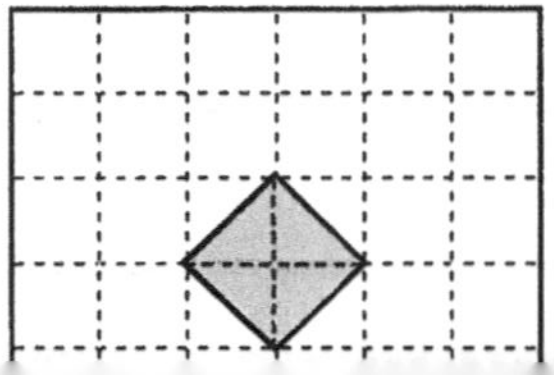

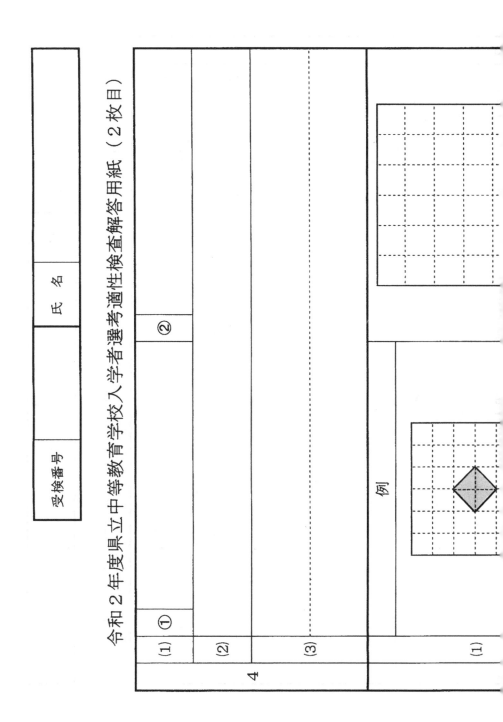

受検番号		氏　名	

令和２年度県立中等教育学校入学者選考適性検査解答用紙（１枚目）

1	(1)	（　　　　　　　　　）ことを期待していたのに、 期待が外れて、（　　　　　　　　　　　　）様子。			
	(2)	「通り抜け無用」のはり紙や看板によって示そうとしたこととは逆に、 （　　　　　　　　　）ことを示してしまったという結果。			
	(3)	人は（　　　　　　　　）のに、 （　　　　　　　　　　　　　　　）様子。			
	(4)				
2	(1)	ア		イ	
	(2)	ウ		エ	
		オ		カ	

⑤　段落は、内容に応じて設けること。
⑥　文章の長さは、四百字から六百字までとする。

【

5　次の文章を読んで、下の(1)～(3)の問いに答えてください。

一辺の長さが18cmの正方形の紙があります。この紙を**正方形A**とします。**正方形A**には、それぞれの辺を６等分する線がかかれています。

正方形Aを、次のように加工すると、**図形㋐**になります。

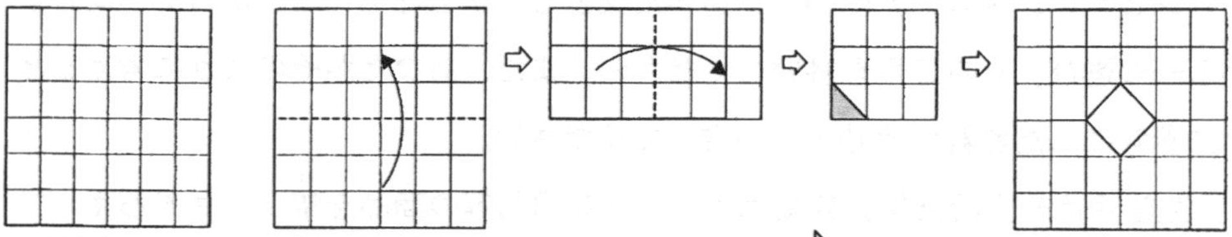

正方形A　① **正方形A**を半分に折る。　② もう一回半分に折る。　③ ◣の部分を切り取って紙を開く。　**図形㋐**

(1)　**正方形A**を、次のように加工して、**図形㋑**を作ります。**図形㋑**はどのような形になるか、解答用紙の例にならって、切り取った部分をぬりつぶしてかいてください。

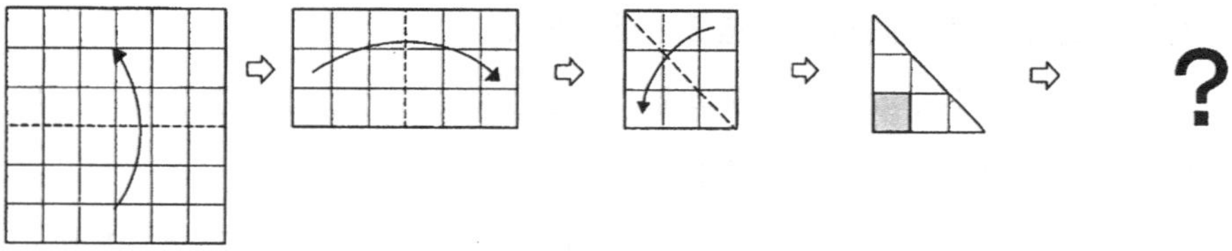

① **正方形A**を半分に折る。　② もう一回半分に折る。　③ さらに半分に折って三角形にする。　④ ▢の部分を切り取って紙を開く。　**図形㋑**

(2)　**図１**のように、２枚の**正方形A**を重ねます。頂点《ちょうてん》は、点**P**で重なっており、辺は、はしから９cmのところで交わっています。**図１**の色をつけた部分の面積は何cm²か書いてください。

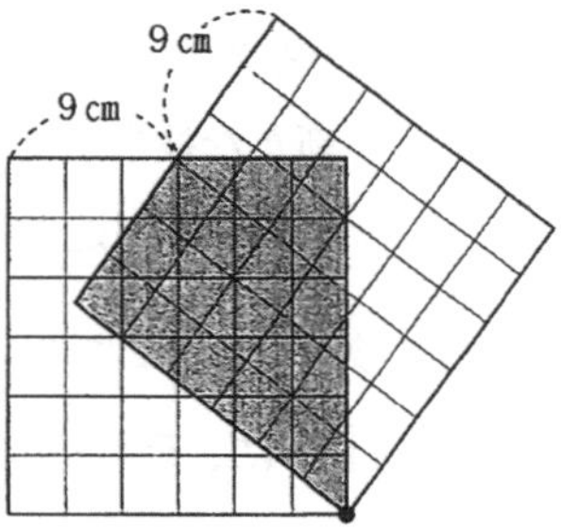

図１

注　紙が重なっている部分に色をつけ、下の紙も見えるようにかいている。

(3)　**図２**のように、２枚の**正方形A**の頂点が、点**Q**で重なるようにはります。次に、**図３**のように、もう１枚の**正方形A**を、二つの頂点が、それぞれ、点**R**、点**S**で重なるようにはります。これをくり返していくと、やがて輪のようになり、**正方形A**の頂点が点**T**で重なりました。このとき、**正方形A**は全部で何枚はられているか書いてください。

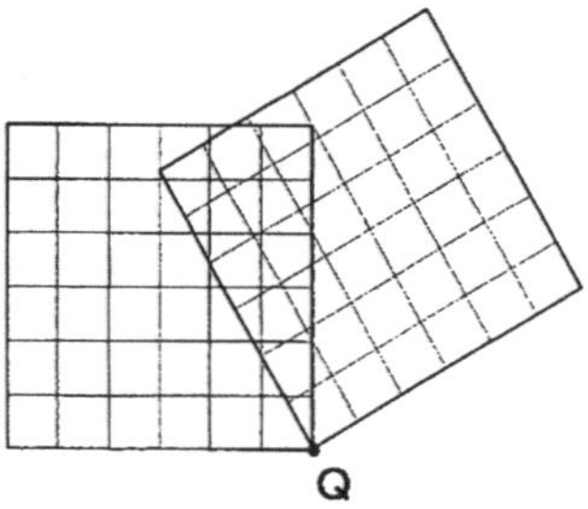

図２

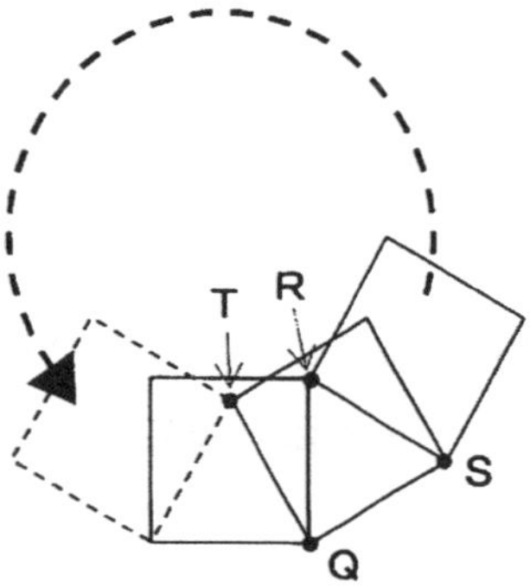

図３

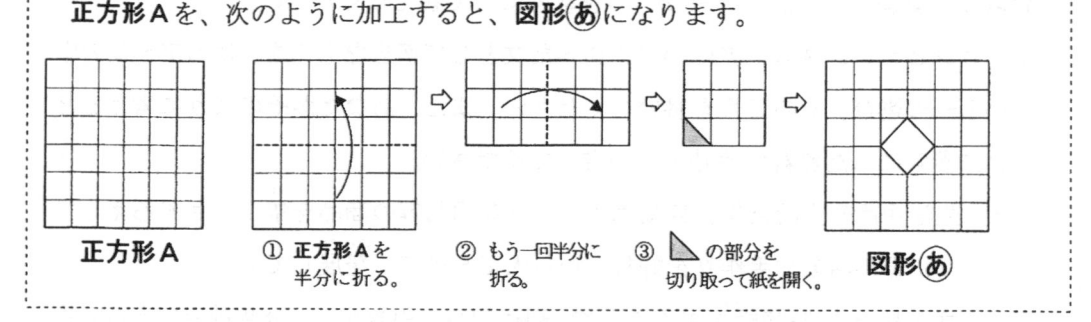

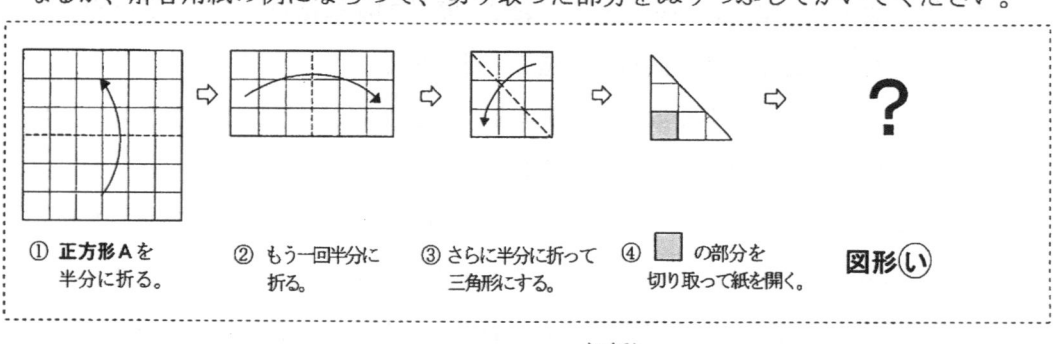

6　コンビニエンスストアに関する下の(1)～(4)の問いに答えてください。ただし、**資料１～資料４**の中から必要なものを参考にして答えてください。

(1)　コンビニエンスストアについて述べた文として適当なものを、次の**ア**～**エ**の中から一つ選び、その記号を書いてください。また、あなたがそのように考えるときに参考にした**資料**の番号を一つ書いてください。

ア　生活用品や生活雑貨、自動車用品、園芸用品等の商品を幅《はば》広く品ぞろえしており、野外活動や手作りを好む客から人気を得て、発展《はってん》してきた。

イ　食料品を24時間販売《はんばい》することや、銀行預金の引き出し、公共料金の支払《しはら》い等のサービスを提供《ていきょう》することが期待されている。

ウ　衣・食・住の幅広い品をそろえており、専門《せんもん》的な知識のある店員が細やかな接客を行うことで、客に高級感を感じさせている。

エ　スーパーマーケットや飲食店、美容院、映画館《えいがかん》等があり、１日を通して、客が楽しむことができる大規模《だいきぼ》な商業施設《しせつ》である。

(2)　あるコンビニエンスストアでは、次の取り組みを行うことにしました。これらの取り組みを行う理由として考えられることを一つ書いてください。また、あなたがそのように考えるときに参考にした**資料**の番号を一つ書いてください。

【取り組み】
・新たな技術を使って、消費期限の長い製品を開発する。
・消費期限が近づいた弁当を購入《こうにゅう》した客に、買い物に使えるポイントを与《あた》える。

(3)　あるコンビニエンスストアのグループでは、**図**のように、それぞれの店舗《てんぽ》がお互いに近くなるように配置する戦略をとっています。このような戦略をとる理由として考えられることを一つ書いてください。また、あなたがそのように考えるときに参考にした**資料**の番号を一つ書いてください。

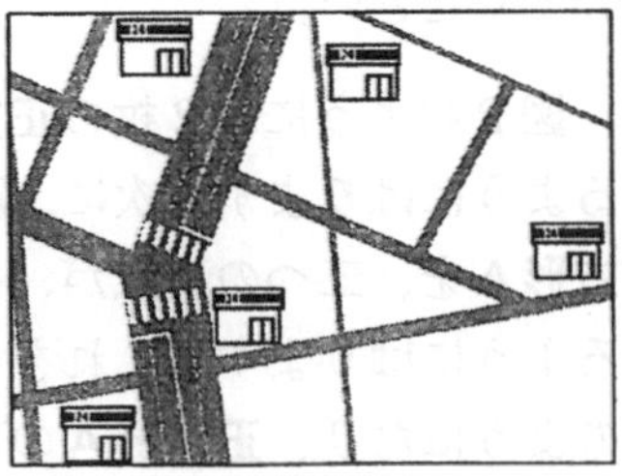

図

注　図中の[店舗の記号]は、同じグループのコンビニエンスストアである。

(4)　現在、一部のコンビニエンスストアでは、営業時間の短縮《たんしゅく》を行っています。一部のコンビニエンスストアが、営業時間を短縮しなければならなくなった理由として考えられることを一つ書いてください。また、あなたがそのように考えるときに参考にした**資料**の番号を一つ書いてください。

【資料１】

日本の食品ロス

○食品ロスとは、食べることができるにもかかわらず廃棄《はいき》されている食品のことをいう。

○日本の食品ロスは、年間約643万トンであり、これは、国民一人当たり、お茶わん１杯《いっぱい》分のご飯を、毎日捨《す》てているのとほぼ同じ量になる。

○年間約643万トンの食品ロスのうち、約10％がコンビニエンスストアやスーパーマーケットでの食品ロスである。

【資料２】

コンビニエンスストアの経営戦略

○レジにモニターを設置することで、キャンペーン情報等を全国に発信している。

○一つの地域《ちいき》に集中的に出店することで、商品の輸送費用を減らしている。

○一つの地域に集中的に出店することで、出店地域での知名度を高めている。

○全国の店舗で販売された商品のデータを集中的に管理することで、新商品の開発に役立てている。

【資料３】

コンビニエンスストアに期待される役割《やくわり》

○早朝や深夜を問わず、24時間いつでも食料品等を購入することができる。

○店内に設置されたＡＴＭで銀行に預けている現金を引き出すことができる。

○電気料金や水道料金等の公共料金を支払うことができる。

○子どもが危険《きけん》を感じたときに、逃《に》げこむことができる。

○災害時に救援《きゅうえん》物資を受け取ったり、トイレを利用したりすることができる。

【資料４】

表１　コンビニエンスストアにおける人手不足の状況（2018年調査）

従業員《じゅうぎょういん》が不足している	60％
従業員は足りているが、何かあれば運営に支障《ししょう》がでると思う	34％
従業員は十分に足りており、何かあっても対応できる	6％

表２　コンビニエンスストアの店主の１日における店での対応時間（2019年調査）

12時間以上	29％
6時間以上12時間未満	50％
6時間未満	14％
店での対応はしていない	5％
不明	2％

（経済《けいざい》産業省資料、厚生労働省資料による）

愛媛県

平成31年度県立中等教育学校
入学者選考適性検査問題

（時間60分）

愛媛県立今治東中等教育学校
愛媛県立松山西中等教育学校
愛媛県立宇和島南中等教育学校

【注　　意】

1　問題冊子《さっし》、解答用紙（1枚目、2枚目）の受検番号らん、氏名らんにそれぞれ受検番号、氏名を記入すること。

2　解答は、全て解答用紙の決められた場所に記入すること。

受検番号		氏　名	

＃教英出版 編集部　注
編集の都合上、解答用紙は表裏1枚にまとめてあります。

1　次の文章は、かすみさんたちが、言葉の使い方について話し合っている場面の会話文です。この文章を読んで、下の(1)～(3)の問いに答えてください。

かすみ　「まるでボールのように丸い」みたいに、「まるで～のように」という言い方を使えば、ある性質や状態などの特徴《とくちょう》を、具体的なものを使って表現することができるわ。私《わたし》たちは、ふだんからこの言い方をよく使っているわね。

みつお　そういう言い方をするときには、例えば「海」という言葉を使ってもいろいろな表現をすることができて便利だよね。①「まるで海のように」のあとに、海の様々な特徴を表す言葉をつなぐことができるからね。

さおり　「②彼女《かのじょ》は金づちだ。」みたいに、「まるで～のように」を使わない言い方もあるわね。自分が伝えたいことを、具体的なものを使って表現する方法はいろいろあると思うけれど、具体的なもの以外で表現する方法はあるかしら。

かすみ　具体的なもののほかに、様子や状態を表す言葉を使って表現しても、自分が伝えたいことを相手に伝えることができるわ。例えば、「人気が沸《ふっ》とうする。」という言い方があるけれど、これは、「沸とうする」という様子を表す言葉を使うことで、「人気が高まっている」状態を伝えているのよね。

みつお　「沸とう」と言えば、ぼくたちはふだん、「③やかんが沸とうする。」という言い方を使っているけれど、よく考えてみると、やかんは沸とうしないよね。

さおり　そう考えると、「④やかんのお湯が沸とうする。」と言うのがよいのかしらね。それでも、「やかんが沸とうする。」と聞けば、だれもが同じ状態をイメージできる点がおもしろいところよね。

(1)　下線部①について「まるで海のように」につながる形容詞《けいようし》（「広い」「大きい」など、ものの性質や状態などを表す言葉）を二つ書いてください。ただし、「い」で言い切った形で答えることとし、「広い」「大きい」は除《のぞ》きます。

(2)　下線部②は「彼女は泳ぐことができない。」という意味ですが、「金づち」のどのような性質が、「泳ぐことができない。」という意味を表すのかを、解答らんに合うように書いてください。

(3)　さおりさんは、みつおさんの意見を聞いて、下線部③「やかんが沸とうする。」を、下線部④「やかんのお湯が沸とうする。」のように言い換《か》えました。これにならって、**ア**「ピアノが聞こえる。」、**イ**「ローソクが消える。」を言い換える場合、どのように表現するとよいですか。**ア**・**イ**にそれぞれ言葉を付け加えて書いてください。

2　**図１**のように25個の正方形のマスに１から25までの番号が書かれた紙と、一つの面の大きさが一つのマスと同じ大きさのサイコロがあります。サイコロの展開《てんかい》図《ず》は、**図２**のようになっています。

1	2	3	4	5
6	7	8	9	10
11	12	13	14	15
16	17	18	19	20
21	22	23	24	25

図１

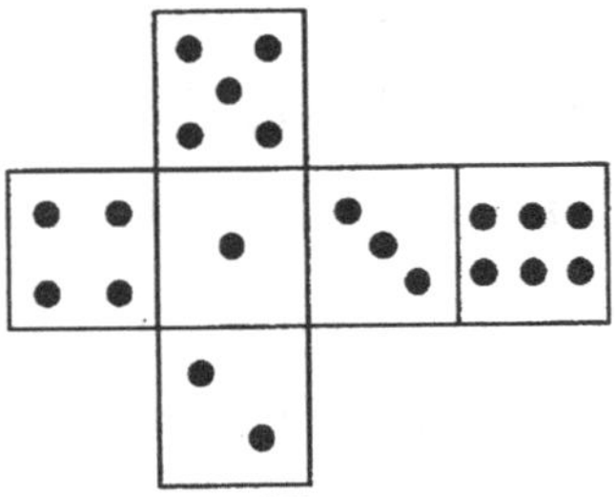

図２

このサイコロを、次の**ルール**にしたがって転がしていきます。

ルール
○**図３**の状態を**＜スタート＞**とする。
○サイコロは、**＜スタート＞**から転がし始める。
○サイコロを転がすときは、**上下左右のいずれかのマスに向かって、一つの辺が動かないようにして転がす**。

ルールにしたがってサイコロを転がしたときに出る目の数を考えます。例えば、**＜スタート＞**では、目の数は１ですが、サイコロを上に１マス転がして**図４**のように８のマスに止めると、目の数は２になります。

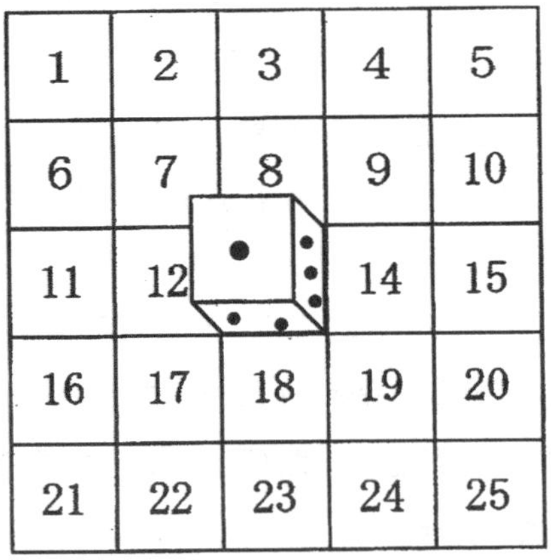

図３＜スタート＞

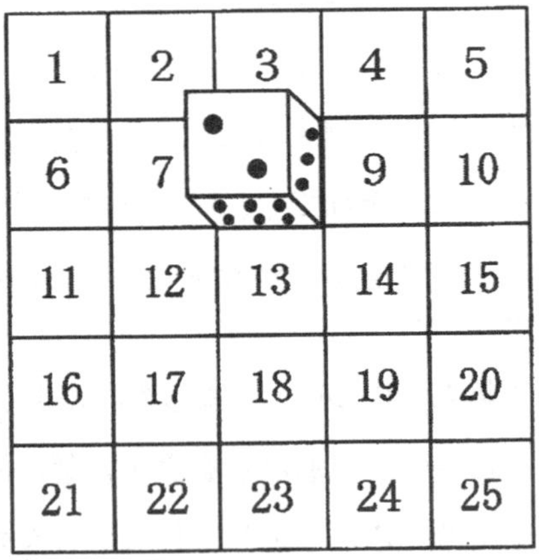

図４

下の(1)～(3)の問いに答えてください。

(1)　サイコロを**＜スタート＞**から上に１マス転がして**図４**のようにしたあと、さらに右に１マス転がして９のマスに止めると、目の数はいくつになっていますか。その目の数を書いてください。

(2)　サイコロを**＜スタート＞**から２マス転がして17のマスに止めると、目の数はいくつになっていますか。考えられる目の数を**全て**書いてください。

(3)　**＜スタート＞**から３マス転がして止まっているサイコロがあります。このサイコロの目の数が１であるとき、サイコロはどのマスに止まっていますか。考えられるマスの番号を**全て**書いてください。

3　やすこさんは、自由研究で、愛媛の農業について調べました。**資料１～３**は、そのときに集めたものです。これらの資料を見て、下の(1)～(3)の問いに答えてください。

【資料１】

かんきつの種類別収穫《しゅうかく》量の移り変わり（愛媛県）

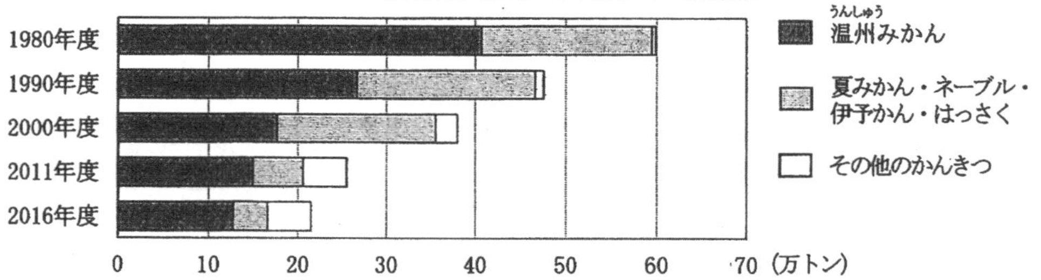

注１　かんきつとは、みかんの仲間をまとめてよぶ名前である。
注２　その他のかんきつは、同じ重さで比べると、温州みかん、夏みかん・ネーブル・伊予かん・はっさくより、ねだんが高い。

（愛媛県ホームページほかによる）

【資料２】

○ かんきつの出荷《しゅっか》時の包装《ほうそう》に関わるできごと

年	できごと
1951	政府による、段《だん》ボール箱への切り替《か》え運動が始まる。
1959	南予地域《ちいき》のみかん包装に段ボール箱が使われ始める。

○ 竹かごに比べた段ボール箱の利点

・段ボール箱は、内容品に応じた形式や構造のものが、速く、大量に生産できる。
・竹かごは空の状態でも内容品をつめたときと同じ大きさがあるが、段ボール箱は20分の１に小さくなる。

○ 夏かんカゴの生産者の話

夏かんの入れ物が段ボール箱に替わって、夏かんカゴ作りは終わりました。私たちは、出荷場で使うカゴを作っていました。ところが、1958年に突然《とつぜん》、出荷場から「来年からカゴはいりません。」と連絡《れんらく》がありました。時代の流れで仕方ないのですが、そのことは私たちの生活を左右する一大事であったので、夏かんカゴを作っていた14、15人が定期船に乗って町まで行き、何とかならないかお願いしました。町から帰る船の中での、みんなのションボリとした様子を今でも覚えています。

注　夏かんカゴとは、夏かん（夏みかん）を市場に出すときに用いる竹かごのことである。

【資料３】

○ 農業の６次産業化とは

農業を、第１次産業としてだけではなく、ものを作る第２次産業、さらには販売《はんばい》などの第３次産業までふくめ、第１次から第３次まで一体化した産業として発展させようとするものである。

１×２×３＝６で
６次産業化

(1)　**資料１**を見ると、愛媛県では、かんきつの収穫量全体は減っていますが、そのような中にあっても、もうかるような工夫《くふう》が行われていることが分かります。どのような工夫が行われているか、「わりあい」という言葉を使って書いてください。

(2)　**資料２**を見ると、段ボール箱が使われるようになって、不利になった人たちがいたことが分かります。不利になった人たちはだれか書いてください。また、その人たちは、段ボール箱が使われるようになってどうなったか、「仕事」という言葉を使って書いてください。

(3)　**資料３**を参考にして、かんきつを使った、農業の６次産業化の具体的な例を考え、解答らんに合うように書いてください。

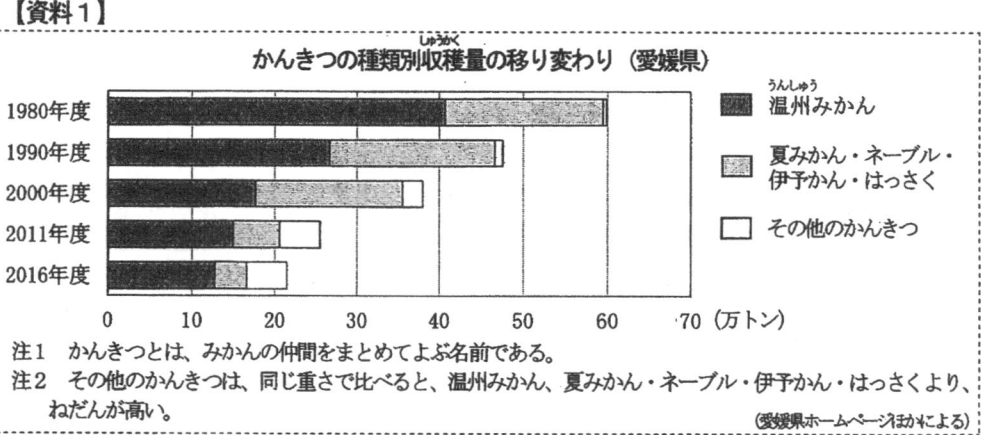

4　次の文章は、のりこさんたちが、ものの温度の上昇《じょうしょう》について話し合っている場面の会話文です。この文章を読んで、下の(1)～(3)の問いに答えてください。

のりこ　去年の夏、公園に行ったとき、すべり台が、やけどをしそうなくらい熱くなっていたわ。同じ日差しなのに、地面と比べてすべり台のほうが熱くなっていたのは、なぜなのかしら。

たかお　ぼくも、そのことに興味を持ったので、ものの温度の上昇について調べると、ものの温度の上昇は、ものにエネルギーが加えられることによって起こることが分かったよ。そして、水については、**表１**のような関係があることが、資料にのっていたよ。ちなみに、エネルギーの量はＪ(ジュール)という単位を使って表すんだ。

表１　ある重さの水をある温度だけ上昇させるために必要なエネルギーの量

単位：Ｊ（ジュール）

水の重さ(g) ＼ 上昇した温度(℃)	5	10	15	20	25
10	210	420	630	ア	1050
20	420	840	1260	1680	2100
30	630	イ	1890	2520	3150
40	840	1680	2520	3360	4200
50	1050	2100	3150	4200	5250

表２　１ｇの金属を１℃上昇させるために必要なエネルギーの量

単位：Ｊ（ジュール）

金属の種類	必要なエネルギーの量
銅	0.38
銀	0.24
アルミニウム	0.88
鉄	0.44

のりこ　水については分かったけれど、他のものではどうなのかしら。

たかお　ぼくが見た資料には、**表１**のような関係が、水だけでなく、金属にも当てはまると書いてあったよ。**表２**には、４種類の金属について、１ｇの金属を１℃上昇させるために必要なエネルギーの量が書かれているけど、この必要なエネルギーの量のちがいが、ものの温度の上昇のちがいに関係するんだ。

のりこ　**表２**から考えると、同じ重さの銅、銀、アルミニウム、鉄に、それぞれ同じ量のエネルギーを加えたとき、［ウ］の温度が一番上昇することになるわね。

先　生　そのとおりですね。<u>**表１**や**表２**から、いろいろな重さの水や金属の温度を、ある温度だけ上昇させるために必要なエネルギーの量を計算で求めることができますね。</u>

(1)　**表１**中の［ア］、［イ］に当てはまる数を書いてください。

(2)　文中の［ウ］に当てはまる言葉を、銅、銀、アルミニウム、鉄から一つ選んで書いてください。

(3)　下線部について、次のＡ～Ｃに示したものの温度を（　）内の温度だけ上昇させるのに必要なエネルギーの量を求め、必要なエネルギーの量の大きい順に、Ａ～Ｃの記号を並べて書いてください。

Ａ　150ｇの銅（10℃）　　Ｂ　50ｇのアルミニウム（15℃）　　Ｃ　20ｇの水（10℃）

平成三十一年度　県立中等教育学校入学者選考

受検番号		氏名	

〔作文問題〕（時間五十分）

次の**1**～**3**の意見のうち、いずれか一つを選び、その意見に対するあなたの考えを、あとの**注意**にしたがって書いてください。

1　「テレビを見ない日を設けるのがよい。」

2　「授業では、子どもどうしが話し合う時間を多く取るのがよい。」

3　「学校でそうじをするのは、昼休みのあとよりも全ての授業が終わったあとのほうがよい。」

	(3)		
3	(1)		
	(2)	不利になった人たち	どうなったか
	(3)	生産したかんきつを使い、〔　　　　〕。	

※50点満点
(配点非公表)

1	2	3

＃教英出版　編集部　注
編集の都合上、解答用紙（２枚目）はこの裏にあります。

5			
	(3)	（　　　　）秒後	
	(4)	（　　　　）度	
6	(1)		(2)
	(3)	理由 〔　　　　〕から。	資料の番号

1	2	3

4	5	6	合計

受検番号	
氏名	

※50点満点
(配点非公表)

選んだ意見の番号	番

100字

200字

得点

600字　500字　400字　300字

受検番号		氏　名	

平成31年度県立中等教育学校入学者選考適性検査解答用紙（２枚目）

4	(1)	ア	
		イ	
	(2)	ウ	
	(3)	（　　　　）＞（　　　　）＞（　　　　）	
	(1)	（　　　　）分（　　　　）秒	

受検番号		氏　名	

平成31年度県立中等教育学校入学者選考適性検査解答用紙（1枚目）

1	(1)		
	(2)	金づちの、（　　　　）性質。	
	(3)	ア	ピアノが聞こえる。→
		イ	ローソクが消える。→
	(1)		

① 自分が選んだ意見の番号を　所定のらんに書くこと

② 1～3のいずれかの意見に対して、「賛成できる」「賛成できない」など、あなたの立場を明らかにして書くこと。

③ なぜそう考えるかという理由を書くこと。

④ あなたが体験したこと（見たり聞いたりしたことでもよい）をまじえて書くこと。

⑤ 段落は、内容に応じて設けること。

⑥ 文章の長さは、四百字から六百字までとする。

【

5　次の文章は、まさみさんたちが、数字が書かれた文字ばんに針を取り付けたときの針の動きについて話し合っている場面の会話文です。この文字ばんの裏《うら》側には、取り付けた針を動かすための機械が付いています。この文章を読んで、下の(1)～(4)の問いに答えてください。

まさみ　図１のように、文字ばんに、長い針を、針の先が「12」を向く状態で取り付けたら、針は右回りに一定の速さで回り続けたよ。１周するのにどのくらいかかるか、計ってみよう。

けいた　長い針は、「12」をスタートして右回りに１周し、「12」にもどるまでに40秒かかったよ。

まさみ　次に、図２のように、短い針を、針の先が「12」を向く状態で取り付けたら、針は左回りに一定の速さで回り続けたよ。１周するのにどのくらいかかるか、計ってみよう。

けいた　短い針は、「12」をスタートして左回りに１周し、「12」にもどるまでに６分かかったよ。

まさみ　次に、図３のように、長い針と短い針を同時に取り付けても、同じ動きをするか確かめてみよう。

けいた　確かに、長い針は図１のときと同じように、右回りに１周40秒で回り続け、短い針は図２のときと同じように、左回りに１周６分で回り続けたよ。そして、それぞれの速さは一定だったよ。

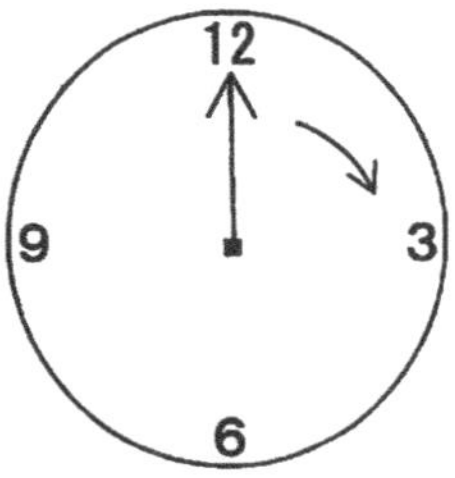

図１

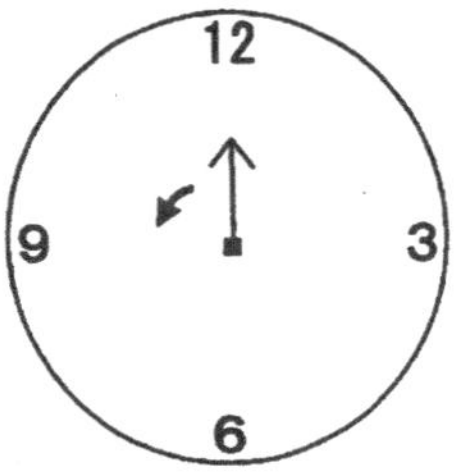

図２

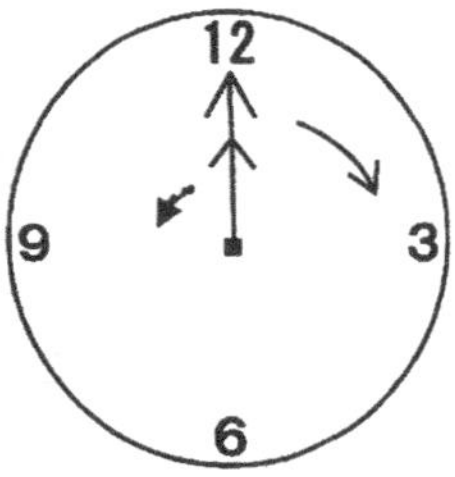

図３

(1)　長い針が「12」をスタートして２周するのに何分何秒かかるか書いてください。

(2)　長い針と短い針が図３の状態から同時にスタートしたあと、短い針が１周する間に、長い針は何周するか書いてください。

(3)　長い針と短い針が図３の状態から同時にスタートしたあと、長い針が１周して「12」にもどるまでに、長い針と短い針が１回重なります。それはスタートして何秒後か書いてください。

(4)　長い針と短い針が図３の状態から同時にスタートしました。その５分後に、長い針と短い針がつくる角度を書いてください。ただし、答えは 180 度より小さいほうの角度とします。

6　次の資料と文章を読んで、あとの(1)～(3)の問いに答えてください。

【資料1】

1871年、大久保利通《おおくぼとしみち》たちは、欧米《おうべい》の国々へ向けて出発しました。目的の一つは領事裁判権《りょうじさいばんけん》が欧米の国々にのみ認められているなど、不平等であった条約を改正するためです。しかし、当時の日本には、欧米の国々とちがって、憲法《けんぽう》がなかったため、イギリスをはじめとする多くの国々は、日本との条約を改正することに強く反対していました。結局、条約改正は失敗に終わりました。

注　欧米の国々に認められていた領事裁判権とは、日本で外国人が罪をおかしたとき、日本が日本の法で裁判をすることはできず、その外国人の国から日本に来ている、領事という役人が、自分の国の法にもとづき裁判できる権利である。

帰国した大久保は、欧米での経験をもとに、意見書をつくりました。その中で、政治の体制には、民主制、君主制、立憲君主制《りっけんくんしゅ》の３種類があるとして、次のように述べました。

【資料2】

民主制は、国を個人のものにするのではなく、広く国全体の利益をはかり、人々の自由を実現するもので、本来あるべき国の姿を全て備えています。しかし、良くない人たちが集まって政治を行うと、国全体が混乱するおそれもあります。理想と現実はちがいます。最良の体制とは言えず、今、この制度を適用することはできません。

君主制は、人々に政治などの知識がまったくなく、命令や約束によって治めることができないときに、飛びぬけた才能と力を持つ人が、その力に任せて人々の自由を制限し、人々を支配する政治体制です。これは、一時的には適切な場合もありますが、良くない君主が権力《けんりょく》をにぎると恐ろしいことになります。

立憲君主制は、憲法のもとで君主と国民がおたがいの権利に制限をかけ、法にもとづいて公正に国を治める制度です。立憲君主制であるイギリスの土地の広さや人口は、日本とほぼ同じですが、その国の勢いは海外に広まり、とても栄えています。それは3200万人あまりの国民が、それぞれの権利を実現するために、国の自由と独立をはかり、君主もまた人々の力を十分に伸ばす良い政治を行っているからです。

しかし、1878年に大久保利通が暗殺され、リーダーが失われると、残された政府の役人たちの意見は、**資料３**のように、まとまらなくなってしまいました。

【資料３】

1880年　伊藤博文《いとうひろぶみ》の意見

今、国会開設を強く求めている人の多くは政府に不満を持っている士族です。国会を開くことには私も大賛成ですが、その前に士族などから選ばれた人たちを議員とする組織を設けて、法律などを話し合わせましょう。また、すでに行われている地方の議会である府県会の議員から会計を検査する人を選んで、国の財政を知ってもらいましょう。このようにして、国民が国の政治について理解できるようになってから、国会を開くべきです。

1881年　大隈重信《おおくましげのぶ》の意見

国会をすぐに開設すべきです。人々が国会の設立を強く求めるようになったのは、国民がまさに進歩しようとしているからです。人々を観察すると、進歩的な者が多数です。国会を開くべき時になったと言えます。それなのに制度を変えなければ、人々は制度を変えることばかりを考えるようになり、本当に必要な外国と対等に向き合うことや、国内を改良するということを考えなくなってしまいます。

資料３のあと、日本の政治の体制や外交は、**資料４**のように変わっていきました。

【資料４】

年	できごと
1881	政府が10年後の国会開設を約束する。
1889	東アジア初の近代的憲法である大日本帝国憲法が発布される。
1890	第１回の総選挙が行われ、国会が開かれる。
1894	イギリスが、日本と、領事裁判権をなくすことを認める条約を結ぶ。
	朝鮮への影響力をめぐって日清戦争が始まる。

(1)　**資料２**を読んで、大久保利通が最も高く評価していたと考えられる政治の体制を、次の**ア**～**ウ**の中から一つ選び、その記号を書いてください。

ア　民主制　　　**イ**　君主制　　　**ウ**　立憲君主制

(2)　**資料３**について説明した次の**a**～**d**の文章のうち、正しいものの組み合わせを、下の**ア**～**エ**の中から一つ選び、**ア**～**エ**の記号を書いてください。

a　国会開設に積極的な大隈重信とはちがって、伊藤博文は国会開設そのものに強く反対していた。

b　伊藤博文と大隈重信の意見の主なちがいは、いつ国会を開くかであった。

c　国会が開かれるまで、日本では、議会が開かれていなかった。

d　大隈重信は、国会を開かなければ、国民が外交のことなどを考えなくなると心配していた。

ア　**a**・**c**　　**イ**　**a**・**d**　　**ウ**　**b**・**c**　　**エ**　**b**・**d**

(3)　1894年、日本は、イギリスと話し合いを行い、領事裁判権をなくすことを認める条約を結ぶことに成功しました。このとき、イギリスが条約改正に応じた理由を、**資料**から考えて書いてください。また、あなたがそのように考えるときに用いた**資料**の番号を__二つ__書いてください。

愛媛県

平成30年度県立中等教育学校
入学者選考適性検査問題

(時間60分)

愛媛県立今治東中等教育学校
愛媛県立松山西中等教育学校
愛媛県立宇和島南中等教育学校

【注　　意】

1　問題冊子《さっし》、解答用紙（1枚目、2枚目）の受検番号らん、氏名らんにそれぞれ受検番号、氏名を記入すること。

2　解答は、全て解答用紙の決められた場所に記入すること。

受検番号		氏　名	

♯教英出版 編集部　注
編集の都合上、解答用紙は表裏1枚にまとめてあります。

1　次の文章は、かすみさんたちが、日本語の文字について話し合っている場面の会話文です。この文章を読んで、下の(1)～(3)の問いに答えてください。

かすみ　日本語の文字には、漢字、ひらがな、カタカナがあるわよね。国語の授業で、ひらがなとカタカナは、漢字をもとにして、日本で作られたものだと習ったわ。

みつお　例えば、ひらがなの「い」は、「以」という漢字をくずした形をもとにして作られていて、①カタカナの「イ」は、「伊《い》」という漢字の一部を取って作られているのだったね。

さおり　ひらがなやカタカナは日本で作られた文字だけれど、ひらがなやカタカナだけで書かれた文だと、意味がわかりにくいと思うわ。次の二つを読み比べてみてよ。

A　いしになるいしをかためた。　　B　医師になる意志を固めた。

かすみ　Aは、ぱっと見ただけでは、どういう意味かわかりにくいわ。「いし」には、いろいろな意味の言葉があって、「医師」と「意志」のほかに、「石」もあるわよね。だから、Bのように漢字で書いてあると、意味が伝わりやすいわね。

さおり　Bのように漢字で書いてあっても、電話では、意味を伝えるのが難《むずか》しいのではないかしら。

みつお　そうだね。例えば、「こうえん」にも、「公園」や「講演」など、いろいろな意味の言葉があるから、耳で聞いただけでは、どんな意味を表しているのか、わからないよね。「公園」という言葉を電話で伝えたい場合は、「公園でみんなが遊んでいる。」や「すべり台のある公園。」など、「公園」の②意味がわかるように言葉を付け加えて説明する方法や、「公共」の「公」と、「庭園」の「園」のように③一つ一つの漢字を、別の熟語《じゅくご》を挙げて説明する方法などがあるよね。

(1)　下の□の中の三つの漢字は、全て、カタカナのもとになった漢字で、そのカタカナは、どれも、下線部①のように、その漢字の一部を取って作られています。また、そのカタカナは、「久→ク」のように、どれも、もとになった漢字の音《おん》読みと同じ音《おと》を表します。

久　多　宇

これらの三つの漢字から作られたカタカナのうち、異《こと》なる二字のカタカナを組み合わせて、漢字一字で書き表せる言葉を一つ作り、あなたが作った二字の言葉と、その言葉を表す漢字一字を、例にならって解答らんに書いてください。ただし、漢字一字で書き表す二字の言葉は、音読みでも訓読みでもよいこととします。

例：「加（カ）」と「伊（イ）」を組み合わせる。→「カイ（回）」
※この例では、「加（カ）」と「伊（イ）」を使っていますが、あなたが作る言葉には、「加（カ）」や「伊（イ）」は使ってはいけません。

(2)　「せいかく」という言葉には、「正確」「性格」など、いろいろな意味の言葉がありますが、あなたが、電話で、「正確」という言葉を伝える場合、どのように伝えるか、----線部にならって下線部②の方法で、また、------線部にならって下線部③の方法で、それぞれ一つずつ説明してください。ただし、下線部③の方法で説明するときに使う熟語は、全て漢字二字の熟語とします。

(3)　日本語には、「紙コップ」「プロ野球」のように、カタカナと漢字を組み合わせたひと続きの言葉があります。下の□の中から言葉を一つ選び、その言葉と漢字を組み合わせたひと続きの言葉を使って、15字以上20字以内の一文（「、」や「。」も字数に含《ふく》みます。）を作ってください。ただし、「木のテーブル」や「ボール投げ」のように、言葉の間や終わりにひらがなが付くものは、カタカナと漢字を組み合わせたひと続きの言葉としません。

ニュース　ピアノ　エネルギー

2　次の文章は、ひろしさんとたまみさんが、ゲームをしている場面の会話文です。この文章を読んで、下の(1)、(2)の問いに答えてください。

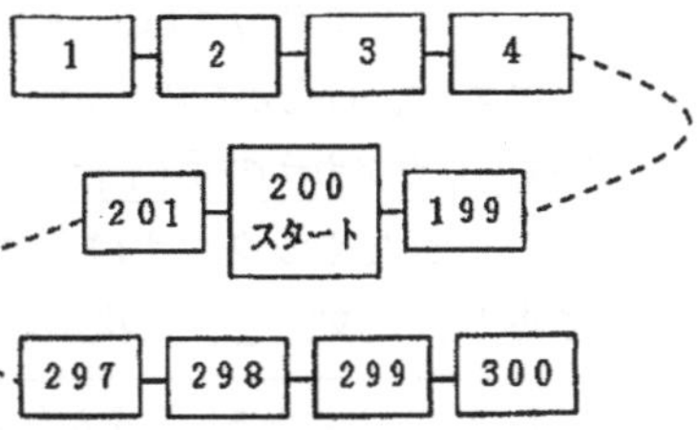

図

ひろし　たまみさん、図のように、１から順に続けて300まで整数が書かれたマスを使って、ゲームをしようよ。ルールは、自分のコマを200のマスに置いてスタートすることとし、コインを投げて表が出たら、自分のコマを、数の大きい方に５マス進め、裏《うら》が出たら、自分のコマを、数の小さい方に２マス進めることにするよ。コインは一人20回投げることにしよう。コインを20回投げ終わったとき、どちらのコマが、より大きい数のマスにあるか、やってみようよ。

（ゲーム終了後）

たまみ　私《わたし》は、20回のうち、表が４回しか出なくて、自分のコマが188のマスにあるけれど、ひろしさんのコマは、265のマスにあるわね。ずいぶん差が出たわ。ひろしさんは、コインの表が何回出たのかしら。

ひろし　数えてないから、コインの表が出た回数はわからないよ。

たまみ　考えてみるわね。20回全部コインの表が出たとすると、［ア］のマスにあることになり、20回のうち１回だけ裏が出たとすると、［イ］のマスにあることになるのよね。

ひろし　20回全部表が出たときと、20回のうち１回だけ裏が出たときを比べると、［ウ］マスの差が出ることになるね。ぼくのコマは、265のマスにあるということは、コインの裏が［エ］回出たことになるね。

たまみ　ということは、表が出た回数は、［オ］回ね。

ひろし　そのとおりだね。じゃあ、ルールを少し変えてもう１回ゲームをしようよ。今度のルールは、コインの表が出たら、自分のコマを数の大きい方に５マス進めるのは同じだけど、裏が出たら、自分のコマを数の小さい方に［カ］マス進めるように変えてみようよ。それ以外のルールは、さっきと同じように、スタートは200のマスとし、コインは一人20回投げることにするよ。

（ゲーム終了後）

ひろし　ぼくは、コインを20回投げて表が７回しか出なかったから、ぼくのコマは、［キ］のマスにあるよ。

たまみ　このルールだと、コインを20回投げ終わったときに、自分のコマが、スタートの200より大きい数のマスにあるためには、少なくとも何回表が出ないといけないのかしら。

ひろし　［ク］回かな。

たまみ　そのとおりね。

(1)　文中の［ア］～［オ］に当てはまる整数を書いてください。

(2)　文中の［カ］に、ある整数を当てはめると、［キ］、［ク］に当てはまる整数が決まります。まず、［カ］に当てはめる整数を、３以上の１けたの整数（３・４・５・６・７・８・９）の中から一つ、自由に選んで書いてください。次に、あなたが選んだ整数を［カ］に当てはめたときの、［キ］、［ク］に当てはまる整数を、それぞれ書いてください。

3　ひろみさんは、自由研究で、日本の食料問題について調べました。**資料１～３**は、そのときに使ったものです。資料を見て、下の(1)～(3)の問いに答えてください。

【資料１】

日本の一人１日当たりの食料供給量《きょうきゅう》

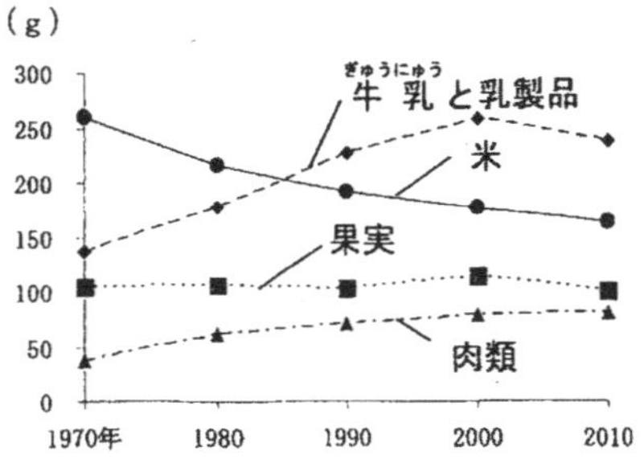

（日本国勢図会による）

注１　食料供給量とは、食料として流通した量のことである。

日本の食料自給率の推移《すいい》

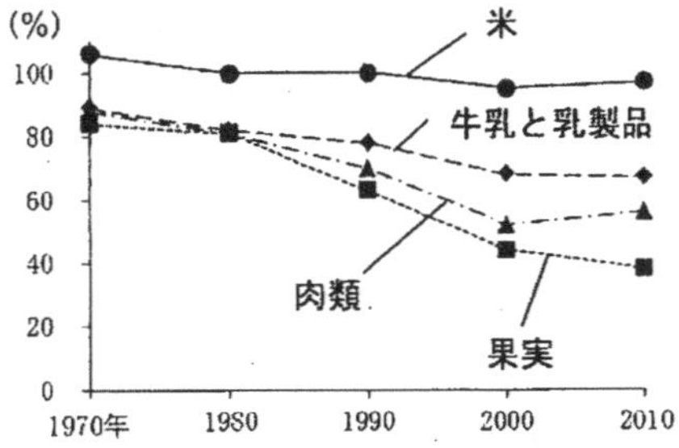

（日本国勢図会による）

注２　食料自給率は、国の食料消費量のうち国内生産でまかなえる比率を表している。

【資料２】

日本における果実の国内生産量と輸入量

量／年	国内生産量（万トン）	輸入量（万トン）
1970	547	A
1980	620	
1990	490	
2000	385	
2010	294	

（日本国勢図会による）

【資料３】

各国の一人当たりのフード・マイレージ

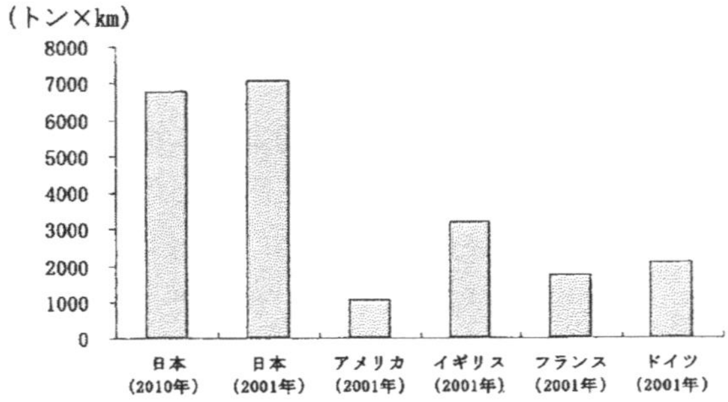

（農林水産省資料による）

注３　フード・マイレージとは、輸入相手国別の食料輸入量に、その国からの輸送距離《きょり》をかけた値を算出し、それらを全て合計した値のことである。

(1)　**資料１**から読み取れることを述べた文として適当なものを、次の**ア**～**エ**の中から<u>全て</u>選び、その記号を書いてください。

ア　2000年の「牛乳と乳製品」の日本の一人１日当たりの食料供給量は、200gを上回っている。

イ　1970年と2010年を比べると、「米」の日本の一人１日当たりの食料供給量は、2010年の方が50g以上少ない。

ウ　2010年の「肉類」の日本の食料自給率は、1990年の「肉類」の日本の食料自給率の約２分の１になっている。

エ　1970年から2010年にかけて、日本の食料自給率は、「米」「牛乳と乳製品」「肉類」「果実」のいずれにおいても低下し続けている。

(2)　**資料１**を参考にして、**資料２**の輸入量のらん［A］に当てはまる最も適当なデータを、次の**ア**～**エ**の中から一つ選び、その記号を書いてください。

ア	イ	ウ	エ
484	119	484	119
476	484	154	154
298	298	298	298
119	476	119	484
154	154	476	476

(3)　**資料３**で、日本の一人当たりのフード・マイレージは、2001年と比べて2010年には、やや減少しています。世界の国々が自国のフード・マイレージを減少させると、地球環境《かんきょう》を守る上で、効果があるとされています。効果があるとされる具体的な理由を一つ書いてください。

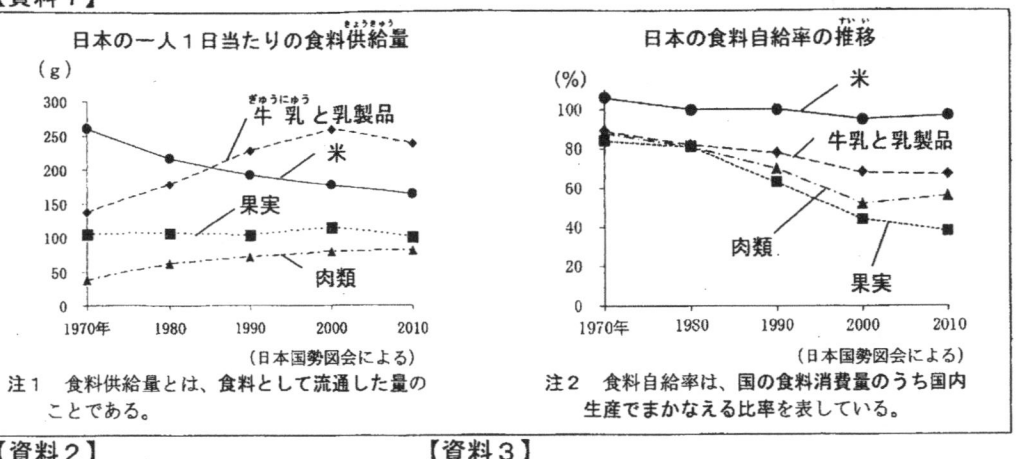

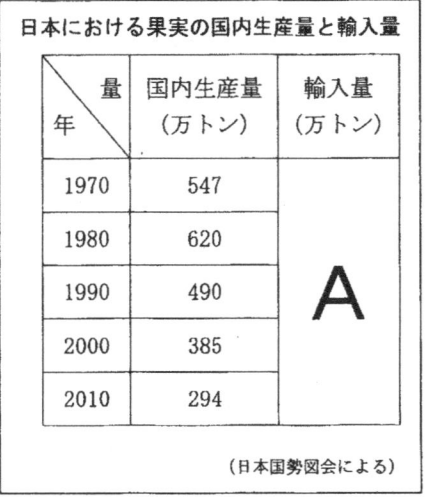

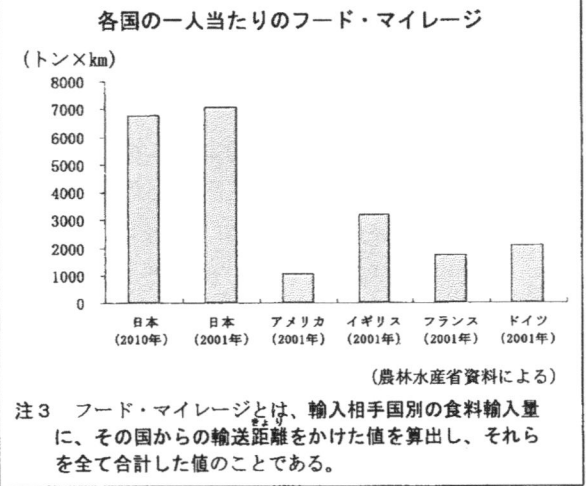

4　次の文章は、ゆうたさんが、雨上がりの時に見た虹《にじ》について、まなみさんと話し合っている場面の会話文です。この文章を読んで、下の(1)、(2)の問いに答えてください。

ゆうた　昨日、大きな虹がはっきりと見えたね。

まなみ　そうね。虹は、太陽の光が、空気中の雨つぶに当たって、折れ曲がったり反射《はんしゃ》したりすることでできるのよ。この前、テレビの科学番組で言っていたわ。

ゆうた　光の反射と言えば、学校で、太陽の光を、鏡を使って反射させたことがあったね。

まなみ　私《わたし》は、鏡で反射させたときの光の進み方を、図１のような実験で調べてみたことがあるわ。

ゆうた　実験結果の**表**を見ると、鏡に入る光の角度Ａと鏡ではね返った光の角度Ｂは、同じになるということがわかるね。じゃあ、光が雨つぶに当たるときは、どのように進むのかな。虹には、赤、黄、むらさきなどの色があることと関係あるのかな。

まなみ　太陽の光は、それらの色の光が混ざってできているのよ。その光が雨つぶを通るとき、色によって折れ曲がる角度が違《ちが》うから、虹ができるのよね。ガラスでできたプリズムという道具を使うと、**図２**のように、それぞれの色に分けられることがわかるわ。**図３**は、太陽の光が雨つぶを通るときに、折れ曲がったり反射したりすることで虹ができるしくみを示したものよ。

ゆうた　雨つぶがプリズムの役割をして、太陽の光がそれぞれの色に分けられ、虹として見えるんだね。

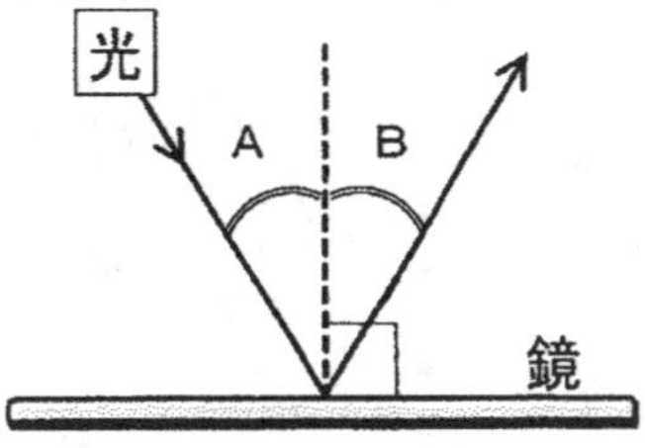

図１　光の進み方

表　光の進み方の実験結果

	実験１	実験２	実験３	実験４
角度Ａ	15°	30°	45°	60°
角度Ｂ	15°	30°	45°	60°

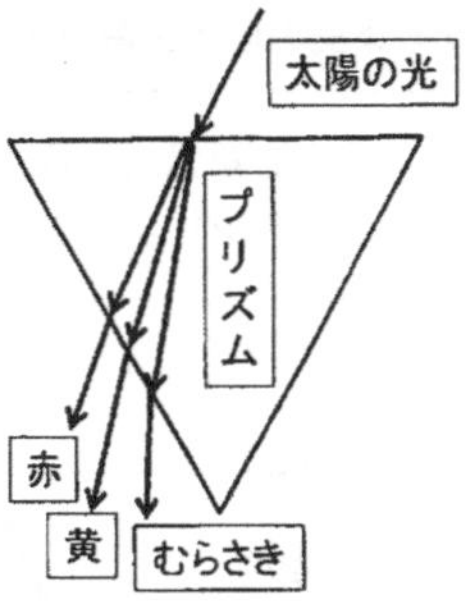

図２　プリズムによって分けられた太陽の光

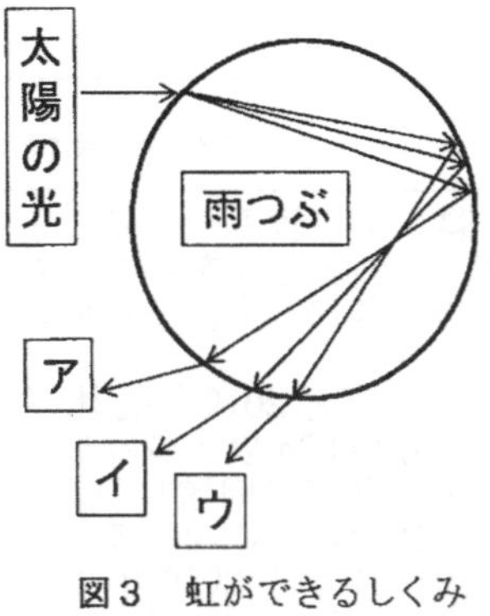

図３　虹ができるしくみ

(1)　光の進み方を上から見たとき、解答用紙の図の矢印のように進む光は、鏡に反射してどのような道すじを通りますか。**図１**を参考に、解答用紙の図に線を書き入れてください。

(2)　**図３**の中の[ア]～[ウ]に当てはまる色として適当なものを、赤、黄、むらさきの３色の中から一つずつ選び、書いてください。

平成三十年度　県立中等教育学校入学者選考

受検番号		氏名	

〔作文問題（時間五十分）〕

次の１～３の意見のうち、いずれか一つを選び、その意見に対するあなたの考えを、あとの**注意**にしたがって書いてください。

１　「感謝の気持ちは手紙で伝えるのがよい。」

２　「図書館で一度に借りられる本の冊数《さっすう》は、制限しなくてもよい。」

３　「小学校や中学校の運動会は、一年に二回あるとよい。」

〈注意〉

①　自分が選んだ意見の番号を、所定のらんに書くこと。

2	(1)	エ		オ			
	(2)	カ		キ		ク	
3	(1)						
	(2)						
	(3)						

※50点満点
(配点非公表)

1	2	3

＃教英出版　編集部　注
編集の都合上、解答用紙（２枚目）はこの裏にあります。

5	(2)	cm
	(3)	cm
6	(1)	
	(2)	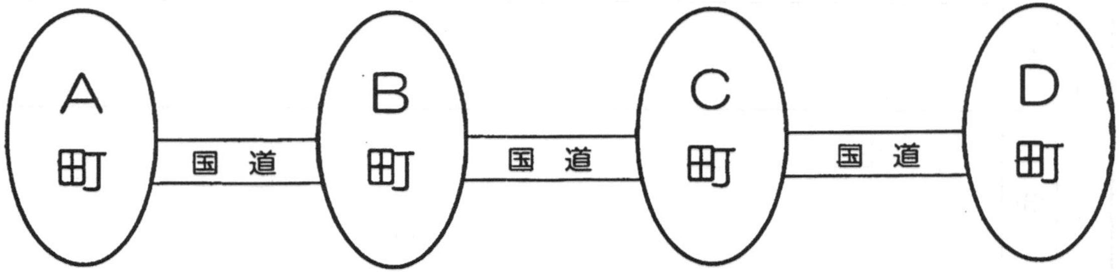

1	2	3

4	5	6	合 計

受検番号		氏名	

選んだ意見の番号	番

100字

200字

得点

※50点満点
(配点非公表)

600字

500字

400字

300字

受検番号		氏　名	

平成30年度県立中等教育学校入学者選考適性検査解答用紙（２枚目）

4

(1)

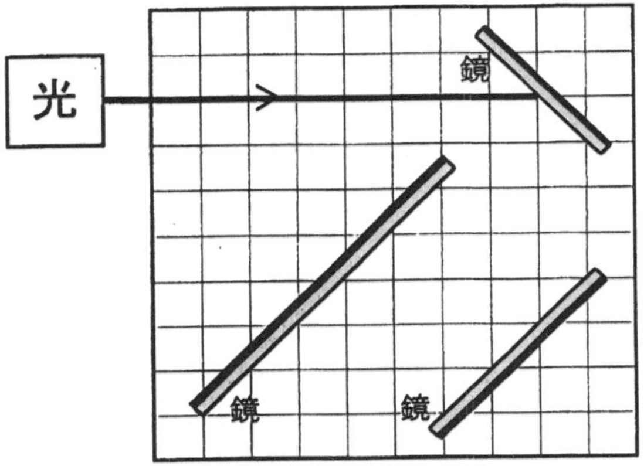

※光は、はじめ、矢印の方向にまっすぐ進む。

方眼紙の上に鏡を垂直《すいちょく》に立てたところを上から見た図

(2)	ア		イ		ウ	

受検番号		氏　名	

平成30年度県立中等教育学校入学者選考適性検査解答用紙（1枚目）

1	(1)	例 :「加（カ）」と「伊（イ）」を組み合わせる。→「カイ（　回　）」	
		「　（　）」と「　（　）」を組み合わせる。→「　（　）」	
	(2)	②の方法	
		③の方法	
	(3)		

【解答用

立場を明らかにして書くこと。

③　なぜそう考えるかという理由を書くこと。

④　あなたが体験したこと（見たり聞いたりしたことでもよい）をまじえて書くこと。

⑤　段落は、内容に応じて設けること。

⑥　文章の長さは、四百字から六百字までとする。

5　**直径が２cm**の１円玉がいくつかあります。これらの１円玉を重なり合わないようにいくつか並《なら》べ、それらを囲む**太線**の長さについて考えます。下の(1)～(3)の問いに答えてください。ただし、**円周率は3.14**とし、**太線**の幅《はば》は考えないものとします。

(1)　**図１**のように、１円玉を三つ並べて、それぞれの１円玉の中心を線で結ぶと、正三角形ができます。その正三角形の一辺と１円玉の半径からなる長方形を三つ作るとき、**図１**の斜線《しゃせん》部分の三つの図形を合わせると、一つの円になります。このとき、**太線①の長さ**を答えてください。

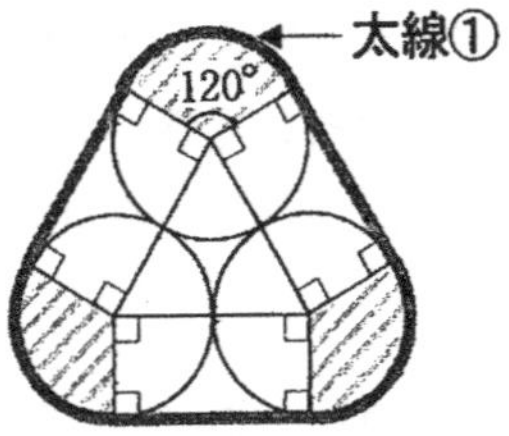

図１

(2)　**図２**のように、四つの１円玉を、それぞれの中心を線で結ぶと正方形ができるように並べます。このとき、**太線②の長さ**を答えてください。

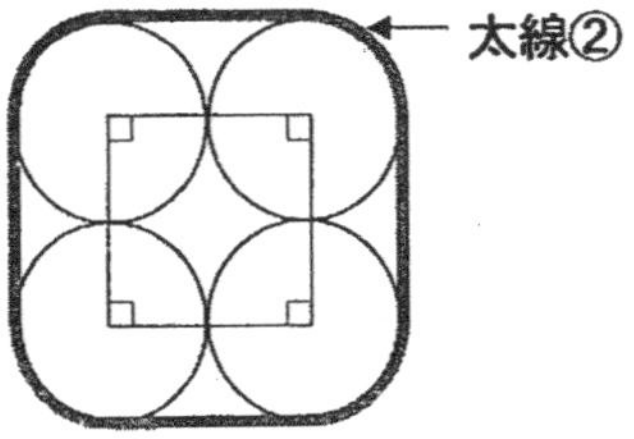

図２

(3)　**図３**のように、六つの１円玉を並べたとき、**太線③の長さ**を答えてください。

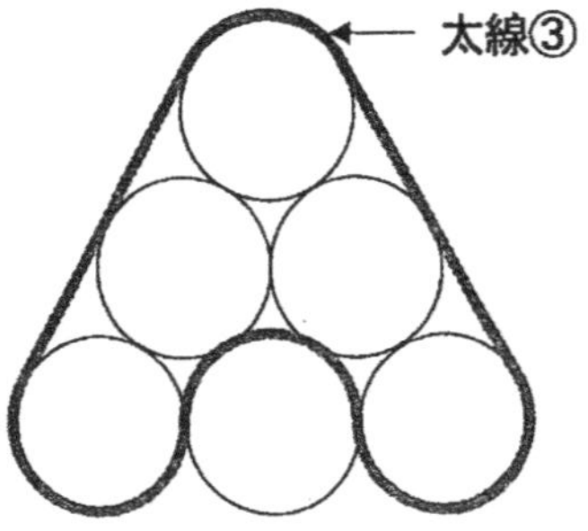

図３

6　A町に住んでいるさとみさんは、おばあさんの運転する自家用車で、B町、C町を通って、D町にあるスーパーマーケットまで買い物に出かけました。さとみさんは、車の中で、おばあさんから、「私《わたし》が生まれる前には、A町とD町を結ぶ定期船（決まった航路を定期的に運航する船）があったのよ。」と聞いておどろきました。

そこで、さとみさんは、翌日《よくじつ》、図書館に行き、A町、B町、C町、D町を結ぶ交通の、現在《げんざい》までの歴史について調べてみました。**資料１**、**資料２**は、さとみさんが調べたことをまとめたものです。これらの資料を見て、あとの(1)、(2)の問いに答えてください。

【資料１】A町、B町、C町、D町を結ぶ交通路に関わるできごと

年	で　き　ご　と
1892	A町とB町との間に定期船の運航が始まる。
1907	A町とD町との間に定期船の運航が始まる。
1939	C町とD町を結んでいた鉄道が、B町まで開通する。
1942	A町とD町との間の定期船の運航が終わる。
1948	A町とB町との間に定期バスの運行が始まる。
1953	B町とC町、C町とD町を結ぶ道路が、国道として指定される。
1958	A町とB町を結ぶ道路が、国道として指定される。
1985	A町とB町との間の定期船の運航が終わる。
1987	A町とB町を結ぶ国道が改修される。
2000	C町とD町を結ぶ高速道路が開通する。
2013	A町とB町との間の定期バスの便数《びんすう》が減る。

【資料２】ある年の交通路を表した略図（資料１をもとに作成）

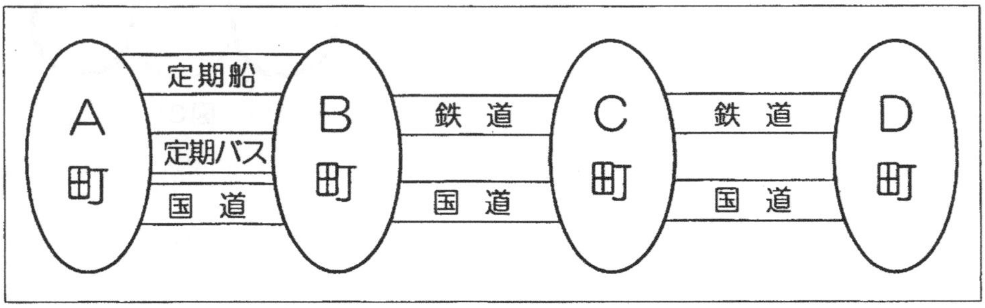

(1)　**資料2**は、次の**ア**～**エ**のいずれかの年の、A町、B町、C町、D町を結ぶ交通路を表した略図です。**資料2**は、次の**ア**～**エ**のうち、どの年の交通路を表した略図か、**資料1**を参考にして、最も適当なものを選び、その記号を書いてください。

ア　１９３０年　　**イ**　１９５０年　　**ウ**　１９７０年　　**エ**　１９９０年

(2)　下の図は、現在の交通路を表した略図を、作成している途中《とちゅう》のものです。

資料1、**資料2**を参考にして、A町、B町、C町、D町を結ぶ交通路を書き加え、解答用紙の略図を完成させてください。

現在の交通路

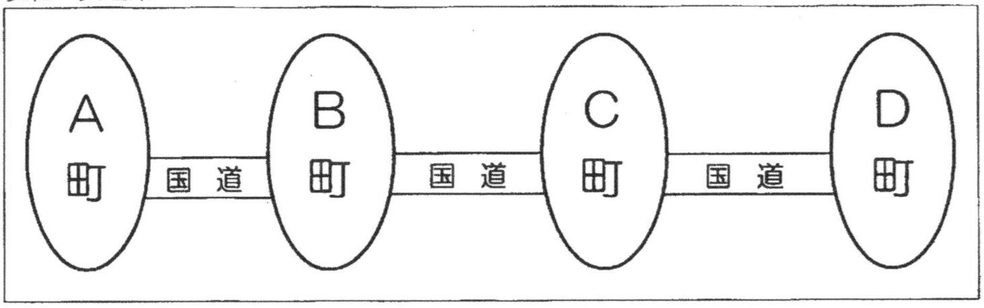

愛媛県

平成29年度県立中等教育学校
入学者選考適性検査問題

(時間60分)

愛媛県立今治東中等教育学校
愛媛県立松山西中等教育学校
愛媛県立宇和島南中等教育学校

【注　　意】

1　問題冊子《さっし》、解答用紙（１枚目、２枚目）の受検番号らん、氏名らんにそれぞれ受検番号、氏名を記入すること。

2　解答は、全て解答用紙の決められた場所に記入すること。

受検番号		氏　名	

1　次の文章は、のぞみさんたちが、言葉について話し合っている場面の会話文です。この文章を読んで、下の(1)～(4)の問いに答えてください。

のぞみ　　パソコンを使って文章を書くときに、ひらがなを漢字に直すけど、思っていたのとちがう漢字に変換《へんかん》されておもしろいときがあるわ。この間も「学校へ行こう。」と書くときに、「学校へ移行。」や「学校閉校。」と変換されたのよ。

ゆうすけ　　ぼくは、ラジオで、「『おしょくじけん』で逮捕《たいほ》された。」というニュースを聞いたとき、「『お食事券《けん》』で逮捕」ってどういうことだろうと不思議に思っていたけれど、あとで、自分の地位を利用して不正なことを行う「汚職《おしょく》事件」のことだって、わかったよ。漢字の使い方で、いろいろなとらえ方ができておもしろいね。

かおり　　わたしは、作文で、①「父は笑《わら》いながら本を読んでいる弟をながめていた。」と書いたら、先生に、このままでは、笑っていたのが「父」なのか「弟」なのかわからないから直したほうがいいって教えていただいたわ。

ひろき　　笑っていたのはどっちだったの。

かおり　　弟のほうよ。だから、「父は」のあとに読点（「、」）を入れて、笑っていたのが弟だとわかるように書き直したのよ。

のぞみ　　言葉の順序を入れ替《か》えても、わかりやすくなるわよね。

ひろき　　ぼくがわかりにくいと思ったのは、②「妹は、姉のようにうまくピアノをひくことができない。」と書いてあった文だよ。これは、二通りのとらえ方ができるあいまいな文だよね。

のぞみ　　言われてみるとそうよね。どっちなのかしら。

ゆうすけ　　ある本を読んでいると、こんな文章があったよ。

> 「Aさんは、劇団創立《げきだんそうりつ》者の一人で1967年に仲たがいして別れたBさんから11の役を、Bさんと劇団の両輪《りょうりん》だった、自分の父親から20の役を引き継《つ》いだ。」（朝日新聞1999年4月23日付け夕刊）
>
> これは、ある劇団の宣伝《せんでん》をした新聞記事である。
>
> 冒頭《ぼうとう》でつまずくのは、「Aさん」が劇団創立者の一人であったかのように読めてしまうことである。おかしいなと思っているうち、「仲たがいして別れた」とあるので、これの主語が「Aさん」かと納得していると、その次に「Bさん」とあるので、これが別れた相手か、そしてさきの「劇団創立者の一人」とはこの人かと、ようやく納得する。けれども、まだ結論にはいたらず、父親が出てきて、ようやく「引き継いだ」と結びが来る。　（大城立裕『怪！関係代名詞文体』による。）

ひろき　　伝え方って難《むずか》しいね。新聞の記事には決められた字数があって、多くのことを短く書こうとするから、わかりづらくなるのかもしれないね。

(1)　パソコンに「いこう」と入力すると、「行こう」「移行」などの、様々な意味を持つ言葉に変換されます。それらのうち、「移行」のように漢字二字で書き表せる言葉を、一つ書いてください。ただし、「移行」は除《のぞ》きます。

(2)　笑っているのが「弟」だとはっきりわかるように、下線部①を書き直してください。ただし、一文で書くこととし、「父は、笑いながら本を読んでいる弟をながめていた。」は除きます。

(3)　ひろきさんがわかりにくいと思った下線部②についての、「二通りのとらえ方」とは、どのようなとらえ方か、書いてください。

(4)　ゆうすけさんが読んだ本に取り上げられていた新聞記事から読み取れることには、次の二つのほかにどのようなことがあるか、書いてください。ただし、ゆうすけさんが読んだ本の中で説明されていることは除きます。

○「Aさん」は、「Bさん」と父親から、それぞれ11と20の役を引き継いだ。

○「Aさん」は、1967年に「Bさん」と仲たがいして別れた。

2　次の文章を読んで、下の(1)～(3)の問いに答えてください。

　1から7までの数が一つずつ書かれた7個の帽子《ぼうし》があります。Aさん、Bさん、Cさん、Dさんの4人が、これらの7個の帽子の中からそれぞれ一つずつ、帽子に書かれた数を見ないように選んでかぶり、右の絵のように座《すわ》ります。4人とも、自分がかぶっている帽子に書かれた数は見えませんが、他の3人の帽子に書かれた数は見ることができます。

　4人が、自分以外の人の帽子に書かれた数について発言し、その会話を聞いて、自分の帽子に書かれた数を推理《すいり》するゲームをしています。

　次の会話文は、4人がこのゲームを3回したときの会話の一部です。ただし、ゲームごとに、かぶる帽子は選び直しています。

【1回目】のゲームの会話の一部
Bさん：「Cさんの帽子に書かれた数は、Aさんの帽子に書かれた数より3だけ大きいよ。」
Cさん：「Bさんの帽子に書かれた数は、Aさんの帽子に書かれた数より2だけ小さいよ。」
Dさん：「Aさんの帽子に書かれた数は、偶数《ぐうすう》だよ。」

【2回目】のゲームの会話の一部
Dさん：「自分以外の3人の帽子に書かれた数を見たら、自分の帽子に書かれた数は、奇数《きすう》であるか偶数であるかだけはわかったよ。」

【3回目】のゲームの会話の一部
Aさん：「Bさんの帽子に書かれた数は、Cさん、Dさんの帽子に書かれた数よりも大きいよ。」
Bさん：「Aさんの帽子に書かれた数は、奇数だよ。」
Cさん：「Aさんの帽子に書かれた数は、Dさんの帽子に書かれた数より5だけ大きいよ。」
Dさん：「Cさんの帽子に書かれた数を3倍した数は、Aさんの帽子に書かれた数とCさんの帽子に書かれた数をたした数に、さらに3をたした数と同じだよ。」

(1)　【1回目】のゲームで、Aさん、Bさん、Cさんの帽子に書かれていた数を書いてください。

(2)　【2回目】のゲームで、Dさんの帽子に書かれていた数は、奇数、偶数のどちらであるか、書いてください。また、その理由を書いてください。

(3)　【3回目】のゲームで、Aさん、Bさん、Cさん、Dさんの帽子に書かれていた数を書いてください。

3　次の文章を読んで、下の(1)、(2)の問いに答えてください。

てるお　家族で山へキャンプに行ったときに、水辺で、アカハライモリを見つけたよ。

こうじ　アカハライモリは、「愛媛県レッドデータブック 2014」では、準絶滅危惧種《じゅんぜつめつきぐしゅ》に指定されているよ。

【資料１】愛媛県において絶滅のおそれのある生き物などの数を、グループごとにまとめた表

グループ	全種数	絶滅種	絶滅危惧種	準絶滅危惧種
ほにゅう類	60	2	13	2
鳥の仲間	336	0	42	18
トカゲやヘビの仲間	18	0	2	2
カエルやイモリの仲間	18	0	6	4
昆虫《こんちゅう》の仲間	8,010	8	106	108

（「愛媛県レッドデータブック 2014」による。）

※　全種数　・・・・愛媛県内で確認された生き物の種類の数（絶滅種の数も含む。）
　　絶滅種　・・・・愛媛県ではすでに絶滅したと考えられる生き物
　　絶滅危惧種　・・・絶滅のおそれのある生き物
　　準絶滅危惧種・・・近い将来、「絶滅危惧種」となる可能性がある生き物

ひさこ　四国では、ツキノワグマの数が少なくなっていて、絶滅の危険性が高いのよ。先日、兵庫《ひょうご》県の人里にクマが出没《しゅつぼつ》したというニュースを見たけれど、山にすんでいるクマがどうして人里に現れるのかしら。

てるお　ここに、兵庫県内でのクマの出没件数とドングリ類のなり具合を、年ごとに示した【資料２】があるよ。この資料から、山になるドングリ類が凶作《きょうさく》の年は豊作の年に比べて［ア］ことが読み取れるね。また、2010年のクマの出没件数を月ごとに示した【資料３】を見ると、［イ］に、クマが食料を求めて行動範囲を広げ、人里に出没することがわかるよ。クマの一年を説明した【資料４】から考えると、クマにとっては、［ウ］の「［エ］や［オ］」に備えて、［イ］に［カ］ことが必要だから、その季節に食料を求めて行動範囲を広げる、ということなのだろうね。

【資料２】クマの出没件数とドングリ類のなり具合

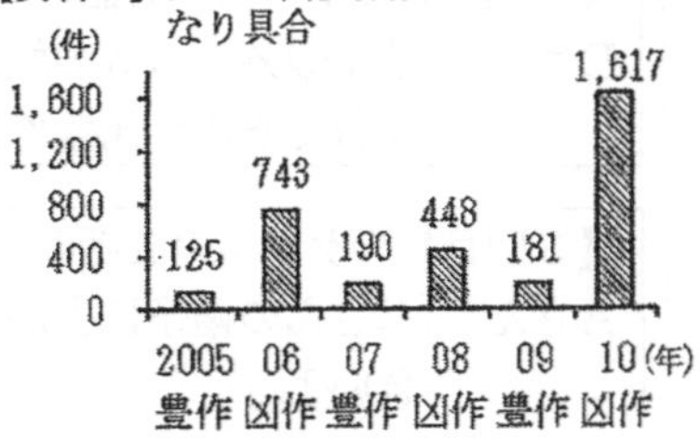

【資料３】2010 年の月ごとのクマの出没件数

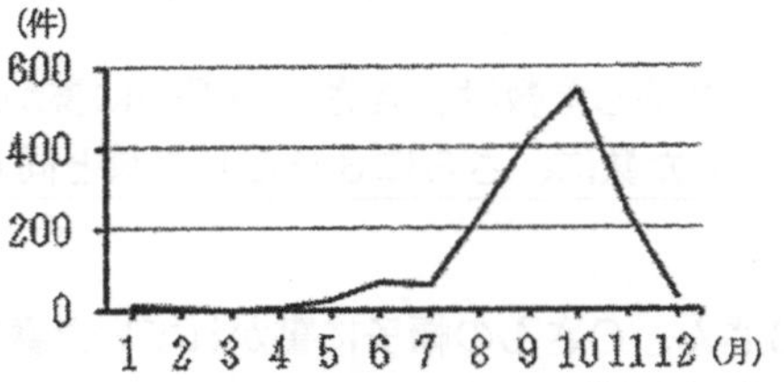

【資料４】クマの一年

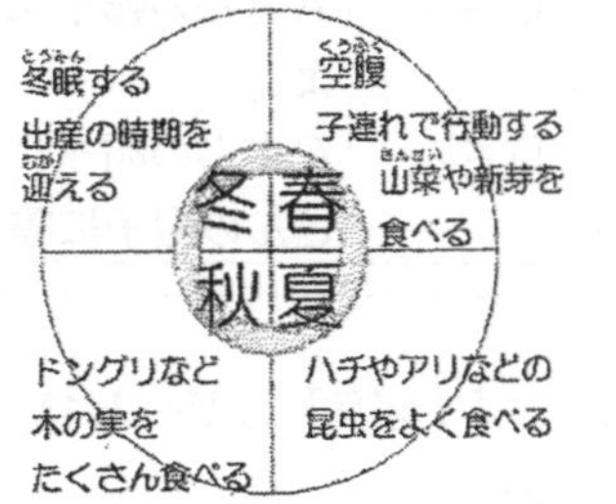

（資料２、３　兵庫県森林動物研究センターＨＰの資料による。）

(1)　【資料１】の五つのグループのうち、絶滅危惧種と準絶滅危惧種を合わせた数の、全種数に対する割合《わりあい》が、１番目に大きいグループと２番目に大きいグループを書いてください。

(2)　【資料３】と【資料４】を参考にして、会話文の中の［ア］～［カ］に当てはまる言葉を書いてください。ただし、［イ］、［ウ］には、春、夏、秋、冬のうち、異《こと》なる季節をそれぞれ一つずつ選び、その漢字一字を入れることとします。

平成二十九年度　県立中等教育学校入学者選考

受検番号		氏名	

〔作文問題（時間五十分）〕

次の1～3の意見のうち、いずれか一つを選び、その意見に対するあなたの考えを、あとの注意にしたがって書いてください。

1　「食事をするときは、テレビを消すのがよい。」

2　「インターネットよりも新聞によって情報を得るほうがよい。」

3　「小学校や中学校では、冬休みをもっと長くするとよい。」

〈注意〉

①　自分が選んだ意見の番号を、所定のらんに書くこと。

②　1～3のいずれかの意見に対して、「賛成できる」「賛成できない」など、あなたの

		理　由			
	(3)	Aさん：(　　　)	Bさん：(　　　)	Cさん：(　　　)	Dさん：(　　　)
3	(1)	1番目：		2番目：	
	(2)	ア			
		イ		ウ	
		エ		オ	
		カ			

1	2	3

※教英出版 編集部　注
解答用紙（２枚目）は裏にあります。

	(4)	(　　　　) 個		
6	(1)			
	(2)	できごと		資料（　　） 資料（　　）
	(3)	理　由		資料（　　）

1	2	3

4	5	6	合　計

※50点満点
(配点非公表)

受検番号

氏名

選んだ意見の番号

番

100字

200字

得点

200字

100字

得点

選んだ課題の番号

番

受験番号

氏名

1

600字

500字

400字

300字

受検番号		氏　名	

平成29年度県立中等教育学校入学者選考適性検査解答用紙（２枚目）

4	(1)				
	(2)				
	(3)				
	(4)	（　　　　　）秒			
5	(1)		(2)		
	(3)				

受検番号		氏　名	

平成29年度県立中等教育学校入学者選考適性検査解答用紙（1枚目）

1	(1)	
	(2)	
	(3)	一つ目のとらえ方：
		二つ目のとらえ方：
	(4)	

	(1)	Aさん：(　　　)	Bさん：(　　　)	Cさん：(　　　)	
		奇数か偶数か			

④ あなたが体験したこと（見たり聞いたりしたことでもよい）をまじえて書くこと。

⑤ 段落は、内容に応じて設けること。

⑥ 文章の長さは、四百字から六百字までとする。

4　次の表は、右の図のようなふりこを使った実験で、おもりの重さやふりこの長さ、ふれはばをいろいろと変えて、ふりこが１往復するのにかかる時間をはかったときの結果をまとめたものです。この結果を見て、下の(1)〜(4)の問いに答えてください。ただし、一つの実験をしている間は、ふりこは同じはばで左右にふれていたものとします。

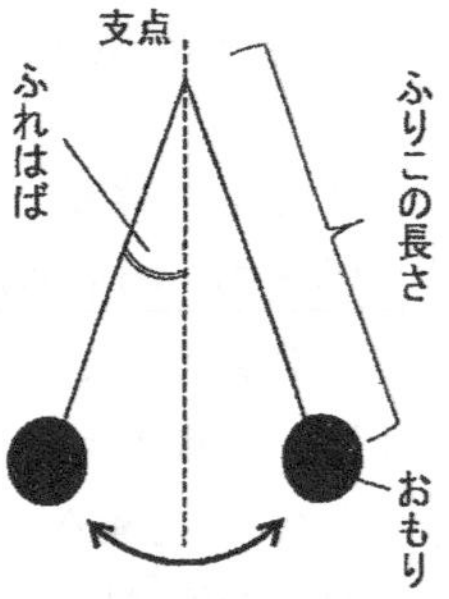

表　ふりこの実験の結果

	実験1	実験2	実験3	実験4	実験5	実験6	実験7
おもりの重さ	30 g	60 g	60 g	60 g	60 g	60 g	120 g
ふりこの長さ	50 cm	30 cm	30 cm	30 cm	40 cm	50 cm	50 cm
ふれはば	15 °	10 °	15 °	30 °	30 °	30 °	10 °
1往復にかかる時間	1.4秒	1.1秒	1.1秒	1.1秒	1.3秒	1.4秒	1.4秒

(1)　実験４と５と６の結果を比べると、ふりこが１往復するのにかかる時間には、どのようなきまりがあることがわかるか、書いてください。

(2)　ふりこが１往復するのにかかる時間とふれはばには関係がないことを調べるため、実験１と６と７の結果を比べてみようと計画したところ、先生から、「その計画では結論《けつろん》がはっきりと出せないよ。」とアドバイスをいただきました。実験１と６と７の結果を比べることでは、結論がはっきりと出せない理由を、書いてください。

(3)　この実験では、ふりこが10往復するのにかかる時間をはかって、それを10で割《わ》ることで、ふりこが１往復するのにかかる時間を求めました。このような方法で、身近な器具や道具を用いて、わずかな量をより正確に求める例を、下線部の書き方にならって一つ書いてください。ただし、時間に関することは除《のぞ》きます。

(4)　下の図のように、支点から20cmの場所にくぎを取りつけました。ふりこの長さを50cm、おもりの重さを60gとして、ふれはばが30°になるところまでおもりを引き、静かに手を放しました。このとき、ふりこは、下の図のように動き、もとの位置までもどる動きをくりかえしました。ふりこが**２往復**するのに何秒かかるか、上の表中の結果を使って計算し、書いてください。ただし、くぎの太さは考えないものとし、ふりこはくぎの部分で下の図のように折れ曲がるものとします。

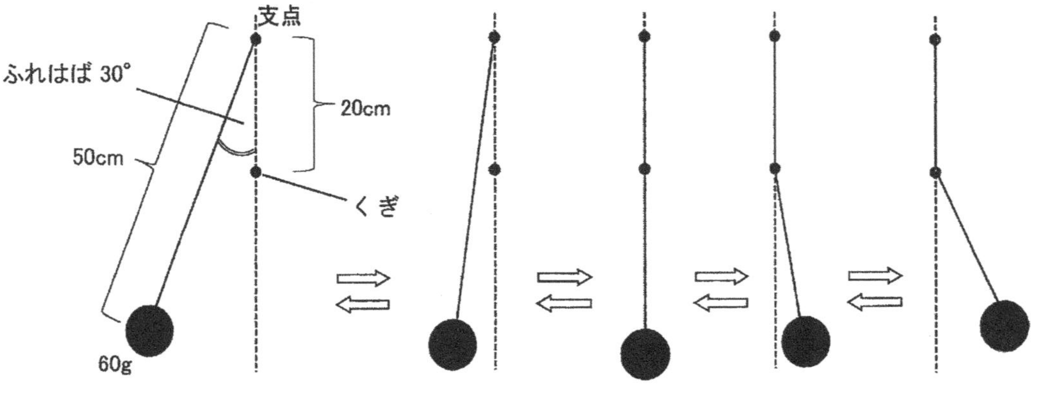

5　数の計算に関する次の文章を読んで、下の(1)～(4)の問いに答えてください。

１以上の整数○、△について、計算式「○★△」の答えを、○を△回かけ算したときの答えの一の位の数とすることにします。例えば、３★４は、３×３×３×３＝81 だから、３★４＝１　になります。なお、△が１のときは、○自身の一の位の数になり、例えば、12★１＝２　になります。

この、「○★△」について考えるとき、下のように、一の位の数に着目すると、計算式の答えを簡単《かんたん》に求めることができます。

【17★２の場合】

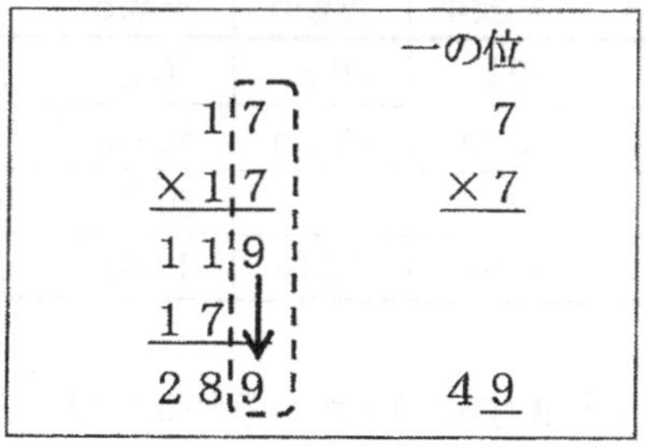

17×17 を実際に計算しなくても、一の位だけかけ算すれば、17★２＝９　であることがわかります。

【17★３の場合】

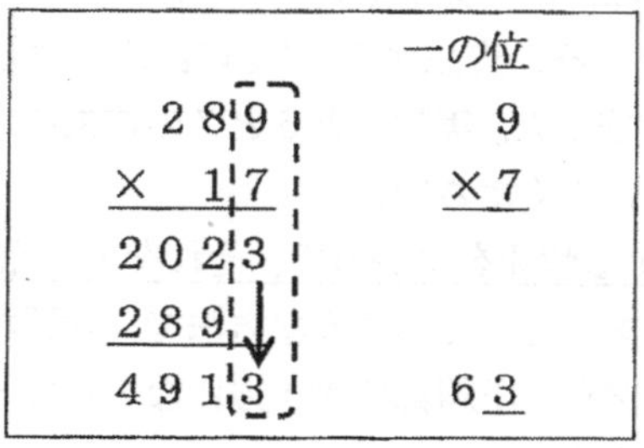

17×17×17 を実際に計算しなくても、一の位だけかけ算すれば、17★３＝３　であることがわかります。

(1)　４★２の答えを書いてください。

(2)　17★４の答えを書いてください。

(3)　14★△の、△の部分に、１、２、３、４、５、・・・と、順に数を入れていくとき、答えには、あるきまりがあることがわかります。どのようなきまりか、書いてください。

(4)　△に、１から 100 までの整数を一つずつ入れていくとき、２★△＝２になるような整数はいくつあるか、書いてください。

6　日本とブラジルに関する下の(1)～(3)の問いに答えてください。ただし、資料１～５の年表やグラフ、地図の中から必要なものを参考にして答えてください。

(1)　2016年８月、オリンピックが、ブラジルのリオデジャネイロで行われました。リオデジャネイロオリンピックは、第31回大会とされています。しかし、1896年にギリシアのアテネで開かれた第１回大会から数えて、実際の大会は28回しか行われていません。大会が３回中止になったためです。その一つが、1916年にドイツのベルリンで行われる予定であった第６回大会でした。この大会が中止となった理由として考えられることを書いてください。

(2)　現在、多くの外国人が日本に住んでいます。その中で日本に住んでいるブラジル人の人数は、ある時期から増えています。そのきっかけとなったできごととして考えられることを書いてください。また、あなたがそのように考えるときに参考にした資料の番号を二つ書いてください。

(3)　次の地図は、多くのブラジル人が住んでいる市町を表しています。これらの市町で多くのブラジル人が住んでいる理由として考えられることを書いてください。また、あなたがそのように考えるときに参考にした資料の番号を一つ書いてください。

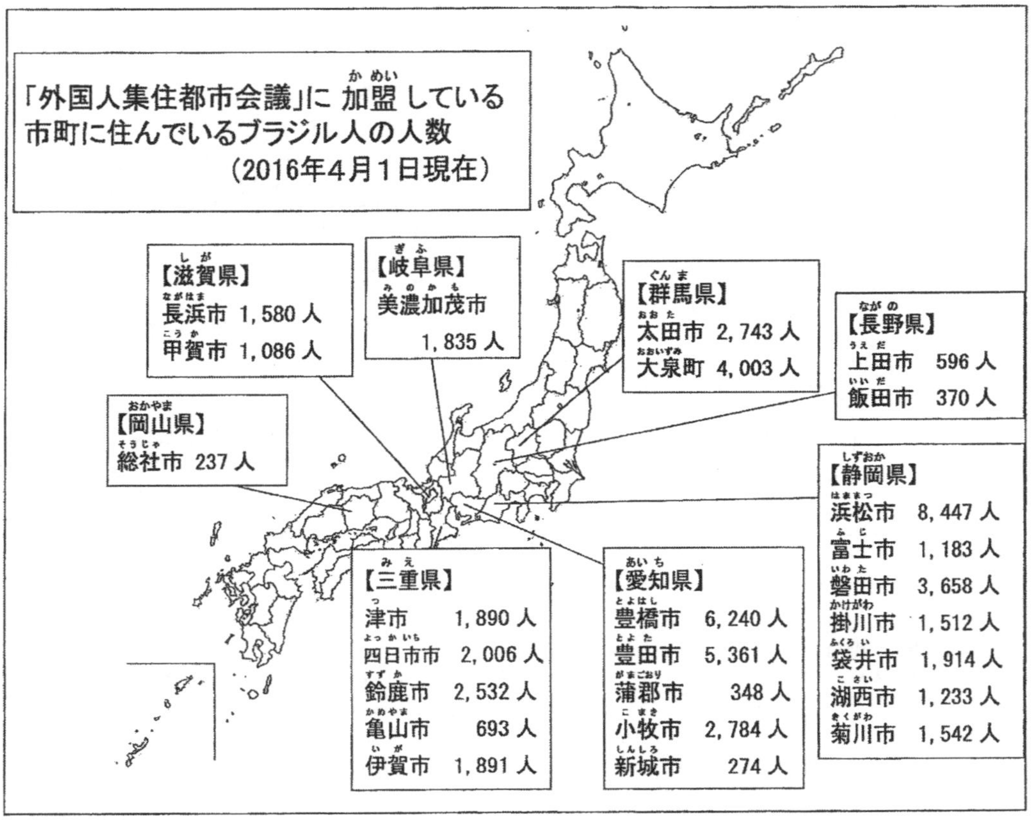

（「外国人集住都市会議　平成28年度会員都市データ」による。）

【資料1】

1867	江戸幕府《えどばくふ》の軍艦《ぐんかん》が、リオデジャネイロに寄港《きこう》する。
1868	明治維新《いしん》の内乱《ないらん》である戊辰《ぼしん》戦争が始まる。(1869年に終わる。)
1897	ブラジルに日本公使館が開設される。
1904	日露《にちろ》戦争が始まる。(1905年に終わる。)
1908	日本からブラジルへの移民船が出港する。
1914	ドイツを中心とするグループと、イギリスを中心とするグループの間で、第一次世界大戦が始まる。(1918年に終わる。)
1930	ブラジルで革命《かくめい》が起こる。
1939	ドイツに対し、イギリス・フランスが宣戦《せんせん》布告し、第二次世界大戦が始まる。(1945年に終わる。)
1944	ロンドンオリンピックが中止となる。
1964	東京でオリンピックが行われる。
1973	日本からブラジルへの移民船が廃止《はいし》される。
1989	日本が、日系《にっけい》ブラジル人とその家族の無制限の受け入れを始める。
2016	リオデジャネイロでオリンピックが行われる。

(外務省「日ブラジル外交関係樹立120周年記念リーフレット」ほかによる。)

【資料2】

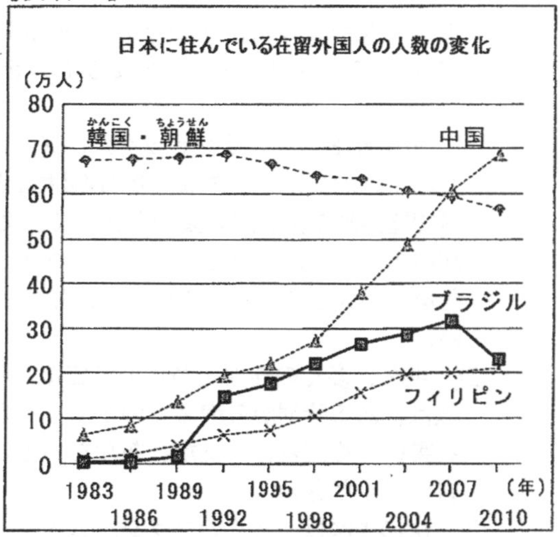

(法務省「在留外国人統計」ほかによる。)

【資料3】

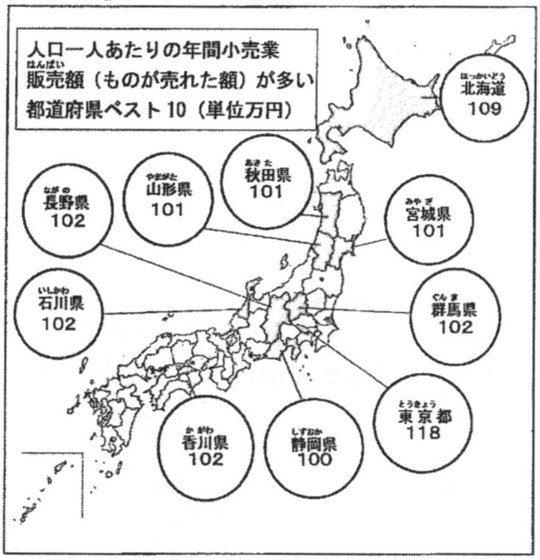

【資料4】

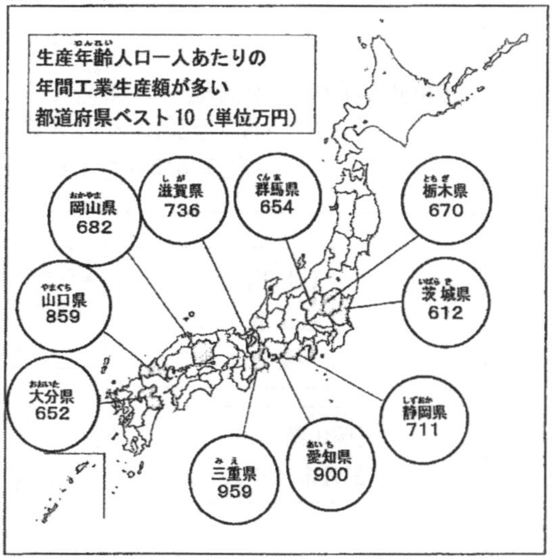

【資料5】

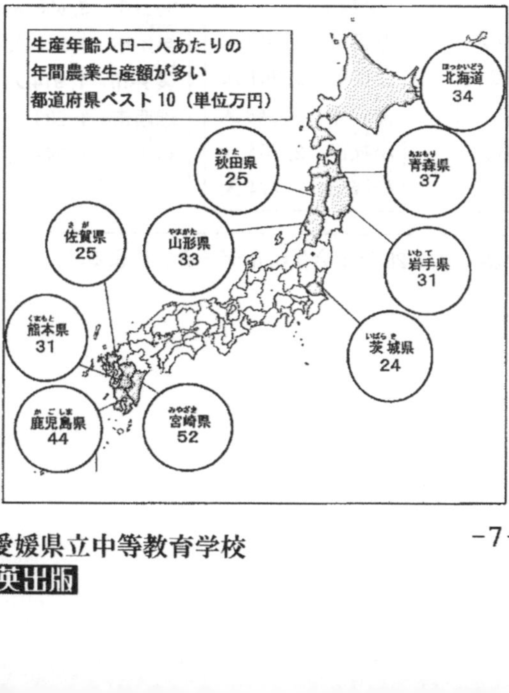

(資料3～5は、「帝国書院統計資料」及び「e-stat(政府統計の総合窓口)」の資料による。)

(注)資料4、5の「生産年齢」とは、労働力の中心となる15歳以上65歳未満をいう。

3　次の文章は、ひろみさんが、一人暮《く》らしをしている22歳《さい》の兄の食生活について、けんたさんと話し合っている場面の会話文です。この文章を読んで、下の(1)～(3)の問いに答えてください。

ひろみ　一人暮らしをしている兄の食生活が乱《みだ》れていると、母が心配しているの。

けんた　**資料１**を見ると、20～29歳の年代の男性は、30歳以上の全ての年代の男性と比べて、［　ア　］ということがわかるよ。自分で料理するようにすれば、食生活を改善《かいぜん》できるのではないかな。

ひろみ　**資料２**を見ると、栄養のバランスを意識している人ほど、［　イ　］ということがわかるわ。兄は、自分で料理を作ったり、食品を買ったりしているのかしら。

けんた　<u>食品選択《せんたく》や調理についての知識が「あまりない」や「全くない」と感じている人の割合《わりあい》は、20～29歳の男性が、他のどの年代の男性よりも大きいと思うよ。</u>

ひろみ　けんたさんの考えが正しいかどうか、**資料３**で確かめてみましょうよ。

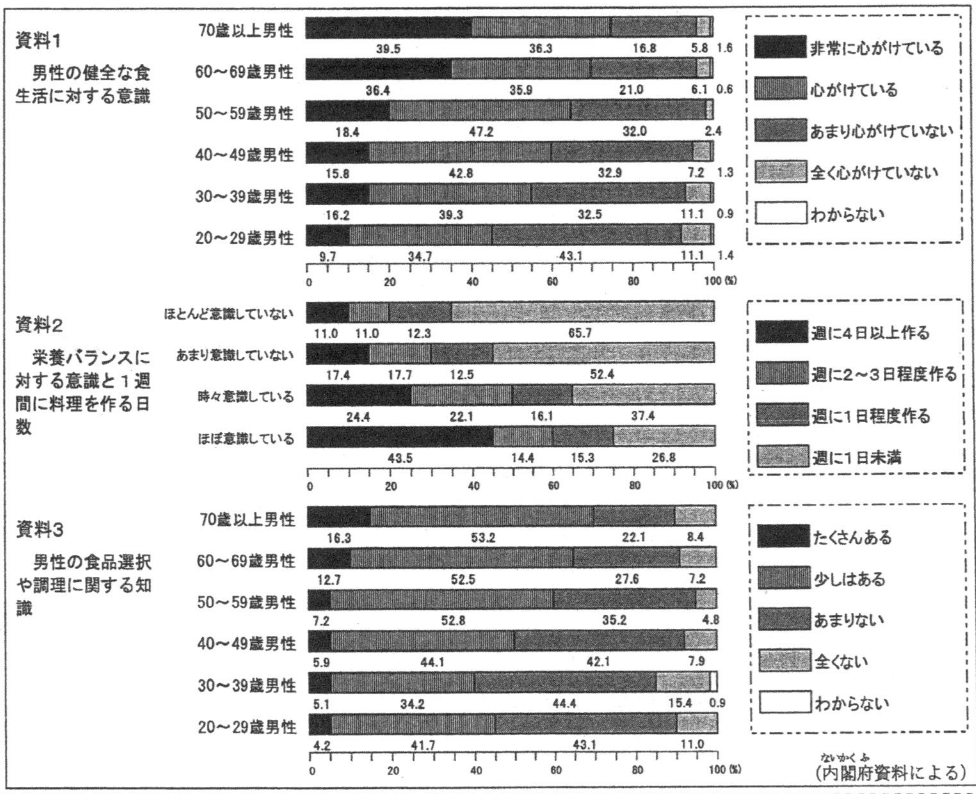

(1)　**資料１**は、男性の健全な食生活に対する意識について年代別に調べたものです。けんたさんは、**資料１**からどのようなことを読み取ったのでしょうか。文中の［　ア　］に当てはまる言葉を書いてください。

(2)　**資料２**は、栄養のバランスを意識している程度別に、週に料理を作る日数を調べたものです。ひろみさんは、**資料２**を見てどのようなことを読み取ったのでしょうか。文中の［　イ　］に当てはまる言葉を書いてください。

(3)　**資料３**は、男性の食品選択や調理に関する知識について年代別に調べたものです。下線部のけんたさんの考えが正しいか正しくないか、書いてください。また、そのように考えた理由を、**資料３**をもとにして、具体的に書いてください。

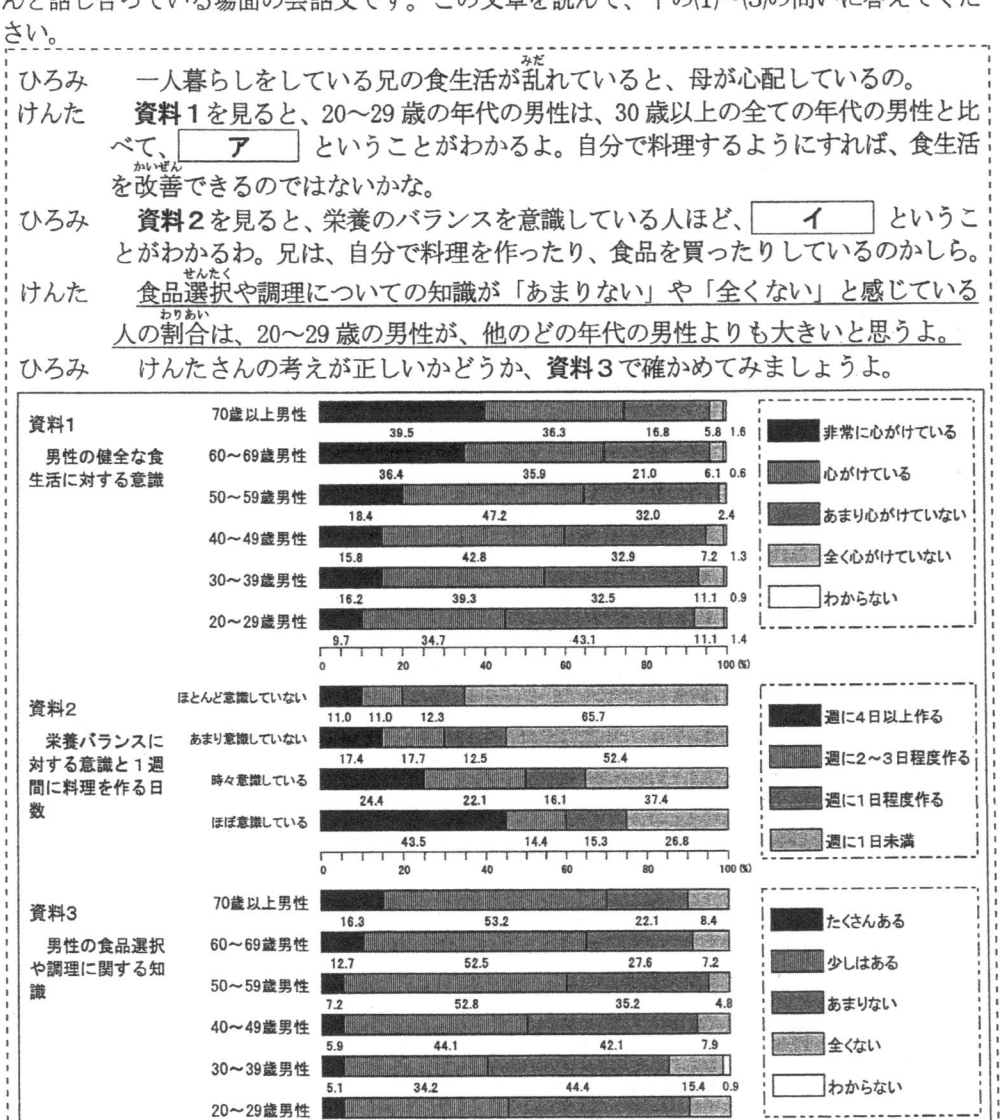

愛媛県

平成28年度県立中等教育学校
入学者選考適性検査問題

（時間60分）

【注　　意】

1　問題冊子《さっし》、解答用紙（１枚目、２枚目）の受検番号らん、氏名らんにそれぞれ受検番号、氏名を記入すること。

2　解答は、全て解答用紙の決められた場所に記入すること。

受検番号		氏　名	

4　次の文章は、ゆうたさんが、「ゆで卵《たまご》の実験」について、まなみさんと話し合っている場面の会話文です。この文章を読んで、下の(1)～(3)の問いに答えてください。

ゆうた　夏休みの自由研究で「ゆで卵の実験」を行い、湯の温度とゆでた時間ごとに、卵白《らんぱく》と卵黄《らんおう》の状態を調べて**表**にしたよ。×は生《なま》の状態、△は半熟《はんじゅく》の状態、●は固まった状態を表しているよ。

まなみ　この**表**の［　ア　］℃以上［　イ　］℃未満を見ると、10分後に卵白も卵黄も固まった状態の卵ができることがわかるね。あと、この**表**から、70℃以上の湯で卵をゆでると、［　ウ　］の方が［　エ　］より早く固まることがわかるね。

ゆうた　以前、卵黄が固まっているのに、卵白は半熟の卵を食べたことがあるけど、あれはどうやって作るのだろうね。

まなみ　では、この**表**をもとに、卵白が半熟、卵黄が固まった状態の卵を作ってみるわ。

表　湯の温度とゆでた時間ごとの、卵白と卵黄の状態

湯の温度	60℃以上65℃未満		65℃以上70℃未満		70℃以上75℃未満		75℃以上80℃未満		80℃以上85℃未満		85℃以上90℃未満		90℃以上95℃未満		95℃以上100℃未満	
	卵白	卵黄	卵白	卵黄	卵白	卵黄	卵白	卵黄	卵白	卵黄	卵白	卵黄	卵白	卵黄	卵白	卵黄
1分後	×	×	×	×	×	×	×	×	×	×	×	×	×	×	×	×
3分後	×	×	×	×	×	×	×	×	×	×	×	×	×	×	△	×
5分後	×	×	×	×	×	×	×	×	△	×	△	×	△	×	●	△
8分後	×	×	×	×	×	×	△	△	△	×	△	×	●	△	●	△
10分後	×	×	△	△	△	△	△	△	△	△	△	×	●	△	●	●
11分後	×	×	△	△	△	△	△	△	△	△	●	△	●	△	●	●
14分後	×	×	△	△	△	△	△	△	●	△	●	●	●	●	●	●
15分後	×	×	△	△	△	△	●	△	●	●	●	●	●	●	●	●
17分後	×	×	△	△	△	△	●	●	●	●	●	●	●	●	●	●
20分後	×	×	△	△	●	△	●	●	●	●	●	●	●	●	●	●
23分後	×	×	△	△	●	●	●	●	●	●	●	●	●	●	●	●
25分後	×	×	△	●	●	●	●	●	●	●	●	●	●	●	●	●
35分後	×	×	△	●	●	●	●	●	●	●	●	●	●	●	●	●

(1)　［　ア　］と［　イ　］にそれぞれ当てはまる数を書いてください。

(2)　［　ウ　］と［　エ　］には、それぞれ「卵白」「卵黄」のどちらかが入ります。どちらが入るか、それぞれ書いてください。

(3)　まなみさんは、次の道具等を使って、下線部の卵を作ることにしました。その手順を説明した下の文の［　オ　］～［　ク　］にそれぞれ当てはまる数や言葉を書いてください。ただし、［　キ　］には、適切な湯の温度を保つ方法を書いてください。

【道具等】　温度計　　発泡《はっぽう》スチロールの容器　　80℃の湯　　タイマー

【手順】　発泡スチロールの容器に80℃の湯を入れ、温度計で測りながら［　オ　］℃以上［　カ　］℃未満になるまで冷ましてから、卵を入れ、タイマーをセットする。湯の温度を保つために、［　キ　］ながら、［　ク　］分たったら卵を取り出す。

(1) 文中の　あ　と**資料１**の　あ　には、同じ言葉が入ります。　あ　に当てはまる言葉を書いてください。

(2) 人々は地震が起こる原因をいろいろと考えてきました。次の**資料２**は、鎌倉《かまくら》幕府が開かれたころに書かれた本の一部をぬき出したものです。**資料２**に書かれている地震は、**資料１**の①～④の地震のうち、どの地震に当たるか、①～④から一つ選び、番号で書いてください。

資料２

今回の地震は、これより後にはもう起こらないと思えるひどいものだ。人々は平家の怨霊《おんりょう》のしわざであり、この世の終わりがきたとうわさし合った。

(3) 右の**図２**は、雪舟《せっしゅう》という人が描いた水墨画《すいぼくが》という種類の絵です。雪舟は、足利義満が建てた相国寺《しょうこくじ》というお寺で絵を学び、画家になりました。**図２**が描かれた時期は、**資料１**の**ア**～**エ**のどの時期に当たるか、**ア**～**エ**から一つ選び、記号で書いてください。

図２

(4) **図１**が描かれたころは、多くの人々が浮世絵を買って楽しんだ時代でした。**資料３**、**４**を参考にして、浮世絵を多くの人々が買うことができた理由を**二つ**書いてください。

資料３　図１が描かれたころの、浮世絵の作り方

絵師《えし》の描いた絵を、彫師《ほりし》が木版に彫《ほ》る。それを摺師《すりし》が色づけして版画《はんが》として紙に刷る。最初に200枚刷り、売れるようなら、次々と刷って数を増やしていく。

資料４　図１が描かれたころの、ものの値段《ねだん》

（文《もん》はお金の単位。１文は、今のお金で10～20円ぐらい。）

○大きなサイズの浮世絵20～32文　　○お米１升《しょう》（1.5kg）100文

○番傘《ばんがさ》（安い傘《かさ》）200文　　○大工さんの日当（１日の収入）583文

○医者の診察《しんさつ》代１回1000文　　○歌舞伎《かぶき》の一番安い席1000文

(5) 右の**グラフ１**は、1995年に起こった阪神《はんしん》淡路大震災《あわじだいしんさい》のときに、自宅にいてケガをした人の原因を示したものです。

このうち１位（倒《たお》れてきた家具や電化製品の下敷《したじ》きになった）から３位（落下したガラスがあたったり、踏《ふ》んだりした）までのいずれかの理由によるケガを防ぐために、ふだんから行っておくべき**具体的な対策《たいさく》を一つ**書いてください。

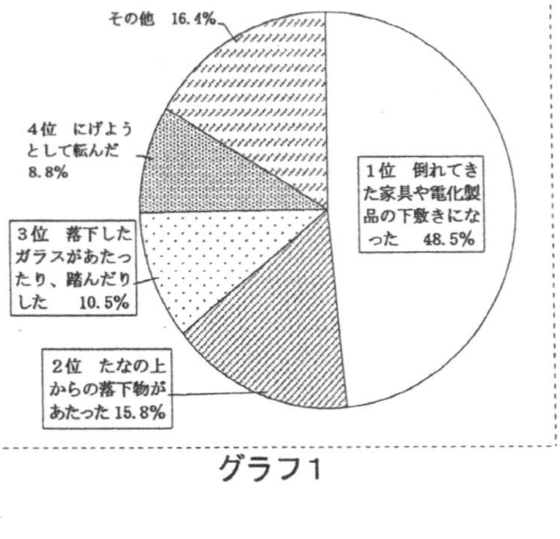

グラフ１

受検番号		氏　名	

平成28年度県立中等教育学校入学者選考適性検査解答用紙（1枚目）

1	(1)	ア					
	(2)	①	10				ということ。
		②	10				ということ。
	(3)	イ	10				
2	(1)	ア		イ		ウ	
	(2)	エ					
	(3)	オ					

受検番号		氏　名	

平成28年度県立中等教育学校入学者選考適性検査解答用紙（2枚目）

4	(1)	ア		イ		
	(2)	ウ		エ		
	(3)	オ		カ		
		キ		ク		

5	(1)		

600字

500字

400字

300字

受検番号

氏名

題　　の力

100字

200字

得点

※50点満点
（配点非公表）

	(2)		(3)	個

6	(1)	あ		(2)		(3)	
	(4)						
	(5)						

1	2	3

4	5	6	合　計

※50 点満点
（配点非公表）

3	(1)	ア	
	(2)	イ	
	(3)	正しいか正しくないか	
		その理由	

1	2	3

平成二十八年度　県立中等教育学校入学者選考

受検番号		氏名	

〔作文問題（時間五十分）〕

あなたには、これまでに、「何か」や「だれか」のおかげで成功した経験や、「何か」や「だれか」にはげまされた経験があると思います。その経験について、その経験を通して感じたり考えたりしたことをまじえながら、「□の力」という題で、書いてください。ただし、「□」の部分には、その具体的な「何か」や「だれか」を当てはめてください。

〈注意〉

① 「□の力」という題を所定のらんに書くこと。
② 段落は、内容に応じて設けること。
③ 文章の長さは、六百字程度とする。（「□の力」という題は字数に含《ふく》めない。）

1　次の文章は、たみおさんたちが、ラグビーワールドカップ（W杯）の新聞記事について話し合っている場面の会話文です。この文章を読んで、下の⑴～⑶の問いに答えてください。

新聞１

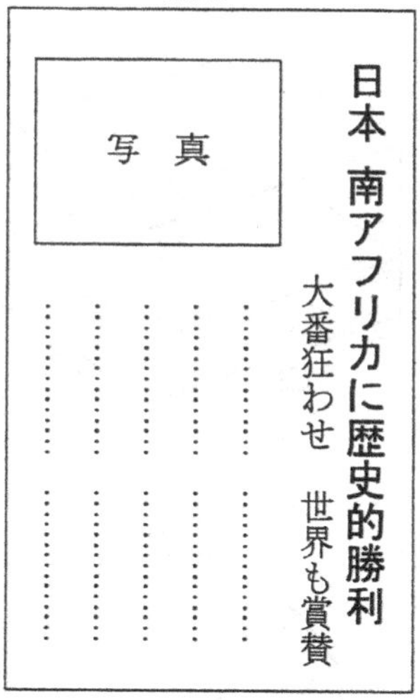

日本　南アフリカに歴史的勝利
大番狂わせ　世界も賞賛
写　真

新聞２

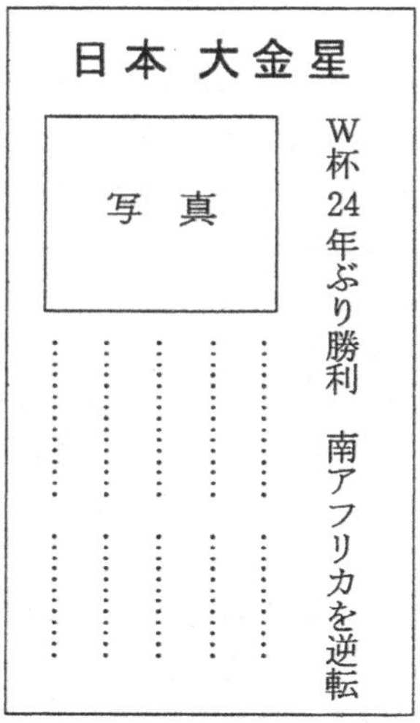

日本　大金星
W杯24年ぶり勝利　南アフリカを逆転
写　真

たみお　**新聞１**と**新聞２**では、二つとも、ラグビーの試合で日本が南アフリカに勝ったことを大きな見出しで伝えているね。

えりか　**新聞１**の「歴史的勝利」とはどういうことかしら。

まこと　**新聞２**の見出しで、日本はラグビーのワールドカップで24年ぶりに勝ったということを伝えているから、久しぶりに勝ったことを「歴史的勝利」と言っているんだよ。

みなよ　それだけじゃなくて、ラグビーで日本が南アフリカに勝ったということが、歴史的なことだということも伝えているんだと思うわ。

たみお　南アフリカというラグビーでは世界の強豪《きょうごう》と言われるチームに、日本が勝ったということが、**新聞２**の「大金星《きんぼし》」という見出しで表されているし、**新聞１**の「大番狂《ばんくる》わせ」という見出しでも、南アフリカという強い相手に日本が勝ったということが、「［　ア　］ことで驚《おどろ》きだ」ということを伝えているよね。

えりか　そうね。授業で、新聞の見出しは、言いたいことを短い言葉で表して、一目でわかるようにしているって習ったとおり、伝えたいことがよくわかるわね。

みなよ　今度、授業で学級新聞を作るけど、わたしたちも見出しを工夫しなくちゃね。

まこと　そうだね。ぼくたちも、授業で、昔の遊びについて調べたことを、学級新聞にして伝えることになっているけれど、どんな見出しにすればいいかなあ。

みなよ　せっかく、おじいさんやおばあさんにインタビューしたのだから、「発表！子どものころ好きだった遊びベストテン！」なんて、どうかしら。

えりか　その見出しでは、おじいさんやおばあさんが、子どものころ、［　イ　］が具体的に伝わらないと思うわ。

たみお　えりかさんが言ったことを伝えるためには、「<u>昔　好きだった遊び　男子こま回し　女子ゴムとび</u>」でどうかな。

⑴　**新聞１**の「大番狂わせ」という見出しで伝えられていることを考えて、［　ア　］に当てはまる言葉を、５字以内で書いてください。ただし、**新聞１**や**新聞２**の見出しで使われている言葉は使わないこととします。

⑵　**新聞１**の見出しと**新聞２**の見出しを読み比べて、①**新聞１**の見出しでは伝わるが**新聞２**の見出しでは伝わらないこと、②**新聞２**の見出しでは伝わるが**新聞１**の見出しでは伝わらないことを、解答らんに合うように、それぞれ10字以上15字以内で書いてください。ただし、話し合いの中で取り上げられていることは除《のぞ》きます。

⑶　たみおさんが言った下線部の見出しは、その前にえりかさんが言ったことを受けて、たみおさんが考えたものです。えりかさんがどのようなことを言ったのか考えて、話し合いの流れに合うように、［　イ　］に当てはまる言葉を、10字以上15字以内で書いてください。

2　次の文章は、ひろきさんたちが、教室でカメを飼育することについて話し合っている場面の会話文です。この文章を読んで、下の(1)～(3)の問いに答えてください。ただし、水そうのガラスの厚さは考えなくてよいものとします。

ひろき　学校の裏《うら》の川で捕《つか》まえたカメを飼育しようよ。

てるお　理科室に水そう（横 30 cm、縦《たて》20 cm、高さ 15 cm）があったから、先生に許可をもらって、理科室の後ろの水平な場所に設置したよ。これから、ホースを使って水を入れるよ。

けいこ　水はどのくらい入れたらいいのかなあ。

ひろき　カメが息ができるくらいの高さにしようよ。それから、てるおさんの家で飼っているカメは甲羅《こうら》干《ぼ》しをしていたから、甲羅干しができる場所も作りたいな。

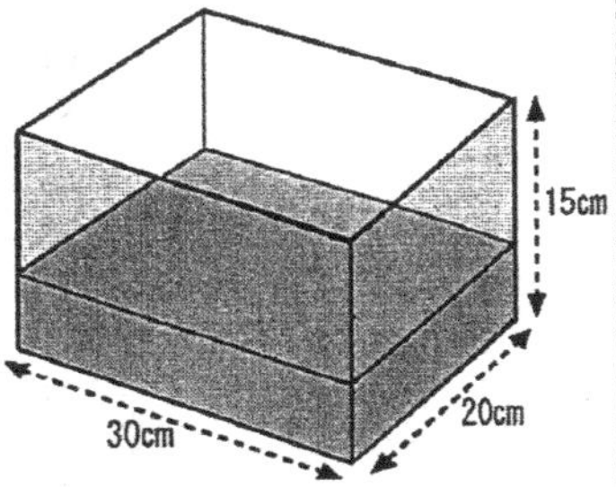

図１

てるお　水を入れ始めて１分間で、**図１**のように、水面が底面から５cmの高さになったので、水を入れるのを止めたよ。もし、このまま水を入れ続けたら、水そうが満杯《ばい》になるまでには、あと［ア］分かかるね。

けいこ　そうね。私は、空《から》の状態から水を５Ｌ入れたとしたら、どのくらい時間がかかるか、計算してみるわ。水面の高さが５cmのときの体積は３Ｌだから、５Ｌ入れるとしたら、［イ］分［ウ］秒かかることになるわね。

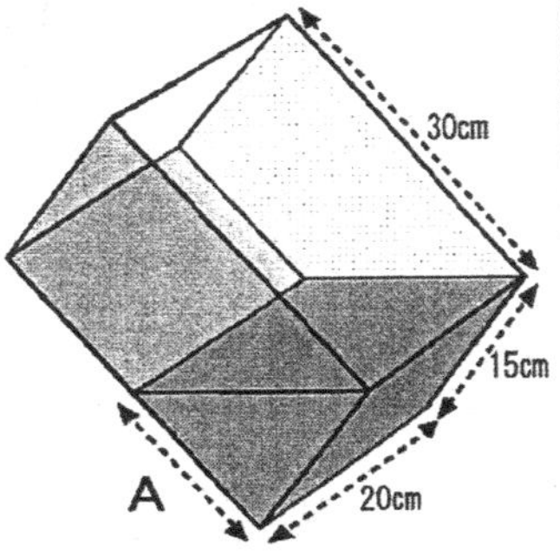

図２

てるお　そうだね。

ひろき　今のままだと水が多そうだから、水そうを**図２**のように斜《なな》めに傾《かたむ》け、図中のＡの長さが 12 cm になるまで水を流し出したよ。そして、水そうを元どおりに水平の状態に戻《もど》したら、水面の高さは［エ］cmになったよ。

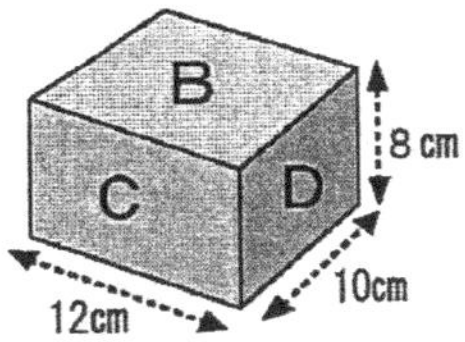

図３

けいこ　この高さの状態で、水そうの中に、**図３**のような、水に浮《う》かず、水を吸収《きゅうしゅう》しない横 12 cm、縦 10 cm、高さ８cmの直方体を、水そうの底につくようにそっと置いてみるね。Ｂ、Ｃ、Ｄの面がそれぞれ上になるように３通りの置き方でやってみたけど、どの場合も、直方体の上の面が水面より上に出るから、甲羅干しができそうよ。

てるお　それぞれ、水面が少し上がったけど、水面の高さは少しずつ違っていたね。

ひろき　同じ直方体なのに、どうして水面の高さが違ったのかなあ。

てるお　直方体の置き方を変えると水面の高さが変わるのは、直方体の置き方によって、［オ］からだよ。

(1)　［ア］～［ウ］にそれぞれ当てはまる数を書いてください。ただし、ホースから出る水の量は、常に一定であることとします。

(2)　［エ］に当てはまる数を書いてください。

(3)　［オ］に当てはまる言葉を書いてください。

5　**図1**のような１辺の長さが２㎝の立方体の積み木が 27 個あります。この積み木を、**図2**のような１辺の長さが６㎝の透明《とうめい》の箱に入れると、積み木は**図3**のように全て収《おさ》まります。

図1

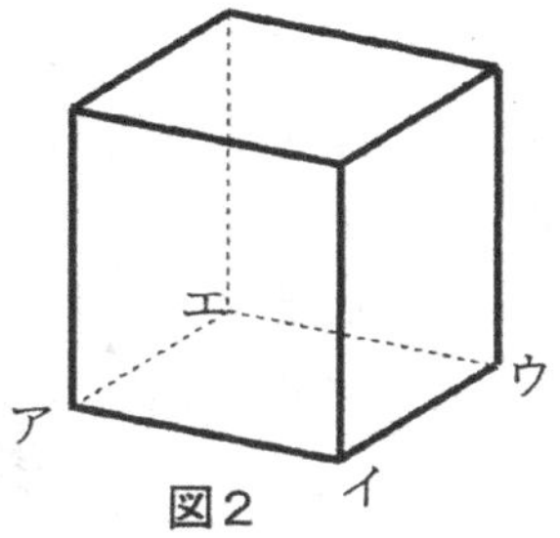

図2

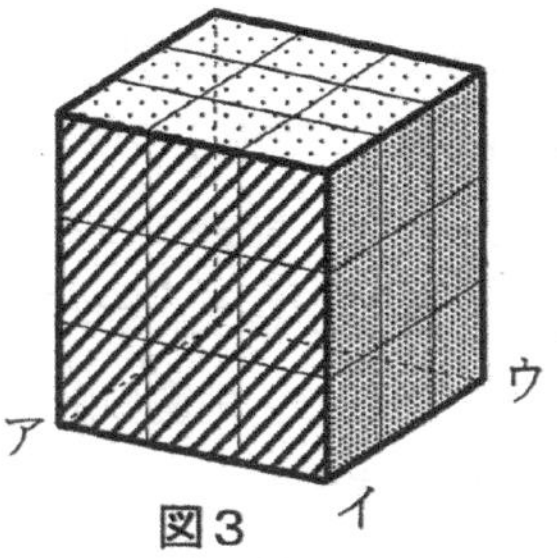

図3

この箱にいくつか積み木を入れていろいろな方向から見てみました。例えば、**図4**の場合は、A、B、Cの方向からそれぞれ**図5**のように見えます。

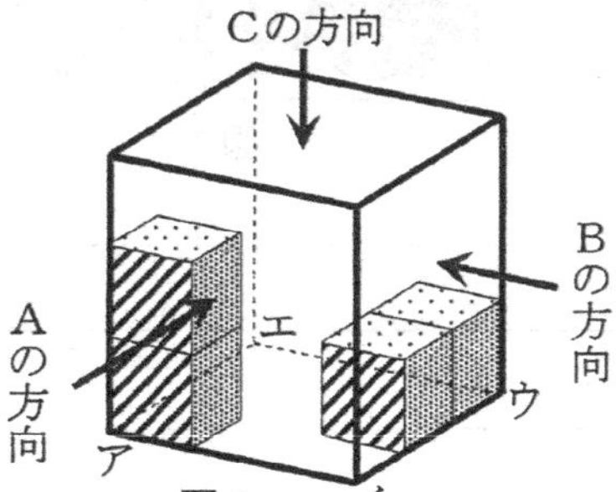

図4

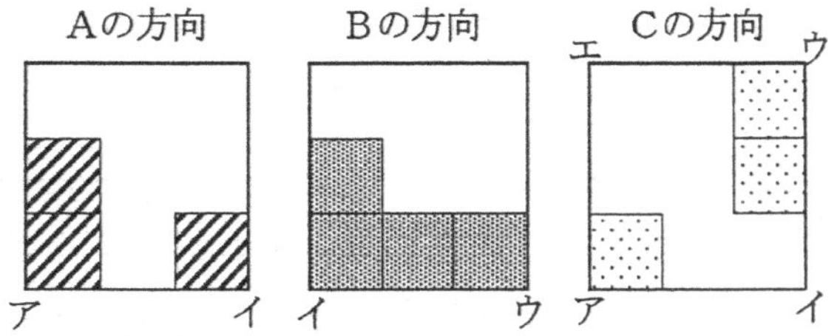

図5　A、B、Cそれぞれの方向から見たところ

下の(1)～(3)の問いに答えてください。

(1)　**図6**のように積み木が配置されているとき、Aの方向から見ると、どのように見えるか書いてください。

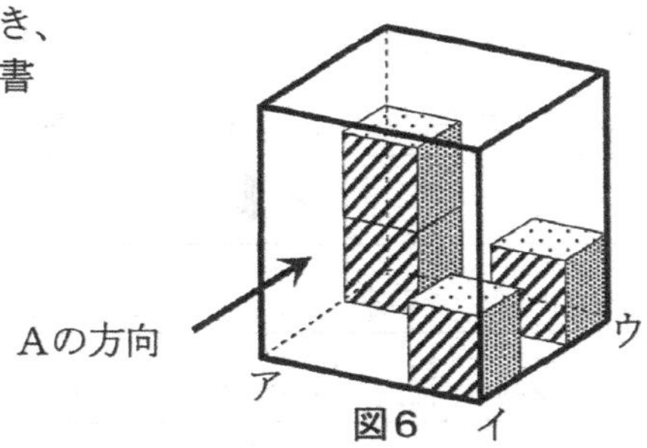

図6

(2)　Aの方向から見て、**図7**のように見えるとき、箱の中に積み木は何個入っているか、考えられる個数を全て書いてください。

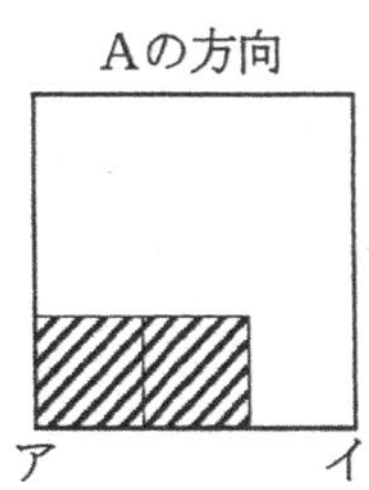

図7

(3)　A、B、Cの方向からそれぞれ見たとき、**図8**のように見えました。このとき、箱の中に入っている積み木の個数を書いてください。

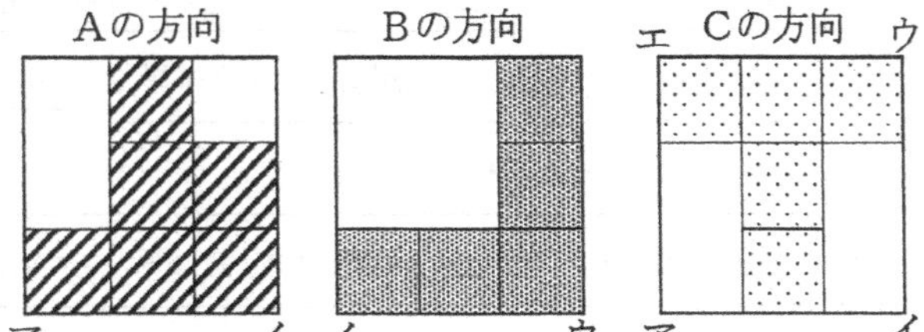

図8

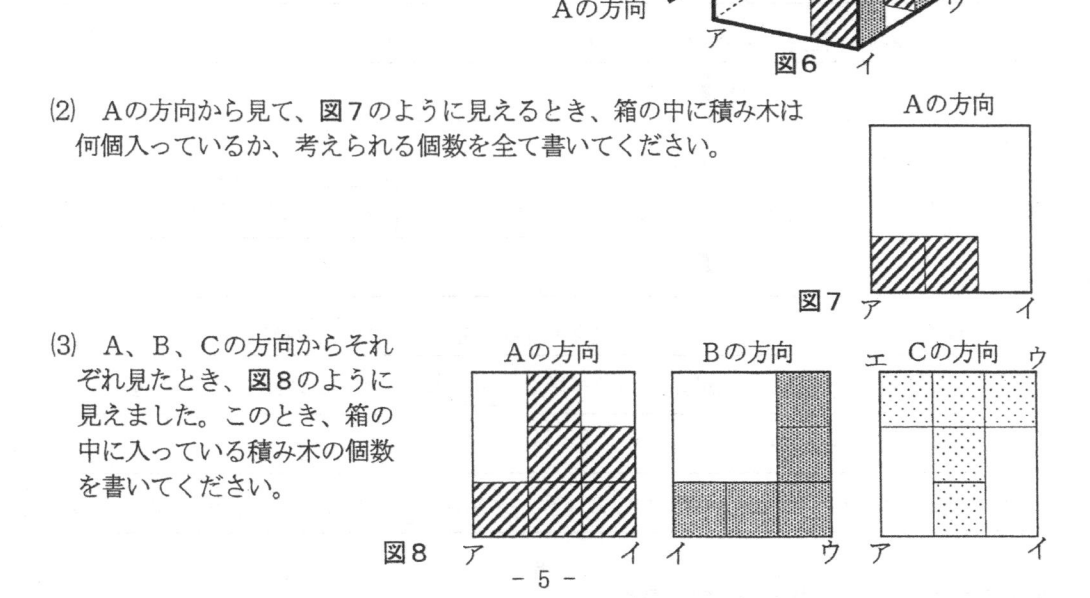

6　次の文章を読んで、あとの(1)～(5)の問いに答えてください。

今、学校や地域《ちいき》で、地震《じしん》に備える取組が盛《さか》んに行われています。特に警戒《けいかい》されているのが「南海トラフ」地震とよばれるもので、100～150 年に一度、起こると言われています。

資料１は、「南海トラフ」が原因となったと言われる地震の例と、歴史上のできごとを示したものです。記録に残る最初の地震は、684 年に起こったものでした。現在の高知県に［ あ ］が押し寄せ、大きな被害《ひがい》が出たと記録されています。それ以来、太平洋沿岸《えんがん》ではほとんどの地域で、地震の影響《えいきょう》による［ あ ］の被害が記録されています。

右の**図１**は、**資料１**の⑤の、1854 年に起こった地震について描《えが》かれた浮世絵《うきよえ》です。人々が大きなナマズをこらしめる様子を描いています。当時は、ナマズがあばれると地震が起こるという言い伝えが広く知られていて、このような浮世絵がたくさん描かれました。

図１

資料１

年	できごと
684	地震の影響で、高知県で［ あ ］により田畑が海に沈《しず》んだ。
	ア ↕
794	京都の平安京《へいあんきょう》に都が移された。
887	藤原《ふじわら》氏が天皇《てんのう》を助ける高い位についた。地震で京都を中心に多数の死者が出た。……①
1008	このころ、紫《むらさき》　式部《しきぶ》によって『源氏物語《げんじものがたり》』が書かれた。
	イ ↕
1185	壇ノ浦《だんのうら》の戦いで平家《へいけ》が滅亡《めつぼう》した。地震で京都を中心に多数の死者が出た。……②
1192	源《みなもとの》　頼朝《よりとも》が、征夷大将《せいいたいしょう》　軍《ぐん》に任《にん》じられ、武士による政府を開いた。
	ウ ↕
1358	室町幕府《むろまちばくふ》の三代将軍足利義満《あしかがよしみつ》が生まれた。
1361	京都で戦いが起こった。地震の影響で徳島県、高知県などで［ あ ］による被害が出た。……③
	エ ↕
1603	関ヶ原《せきがはら》の戦いに勝利した徳川家康《とくがわいえやす》が、征夷大将軍に任じられ、江戸《えど》に幕府《ばくふ》を開いた。
1605	地震の影響で、関東から九州までの太平洋岸で［ あ ］により大きな被害が出た。……④
1853	アメリカのペリーが来航した。
1854	地震で多数の死者が出た。和歌山県、高知県などでは［ あ ］により大きな被害が出た。……⑤

[愛媛県立]
今治東中等教育学校
松山西中等教育学校
宇和島南中等教育学校

平成27年度県立中等教育学校
入学者選考適性検査問題

（時間60分）

【注　意】

1　問題冊子《さっし》、解答用紙（１枚目、２枚目）の受検番号らん、氏名らんにそれぞれ受検番号、氏名を記入すること。

2　解答は、全て解答用紙の決められた場所に記入すること。

受検番号		氏　名	

3　まさひろさんたちは、班《はん》に分かれて、地域《ちいき》のいろいろな施設《しせつ》に見学に行くことになりました。下の(1)〜(4)の問いに答えてください。

(1)　まさひろさんたちは、運動場に集合し、図１のように校舎に向かって縦《たて》２列で並《なら》んでいます。縦１列を一つの班とし、三つの班に分かれて見学するために、図２の黒丸の位置の人が移動し、縦３列に並び替《か》えることにしました。図３は、縦４列に並び替えるときの図であり、黒丸の位置の人が矢印の方向に１歩移動することを表しています。１列を４人とした縦３列に並び替えるときは、図２の黒丸の位置の人がどの方向に移動すればよいですか。図３にならって、解答用紙の図中に矢印で示してください。ただし、移動は１歩とし、移動後の列の前後の間かくが同じでなくてもよいこととします。

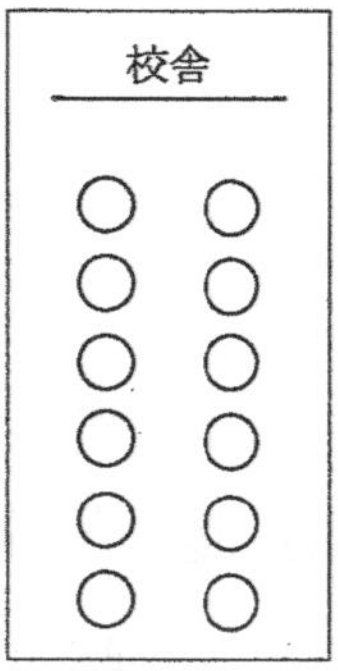

図１

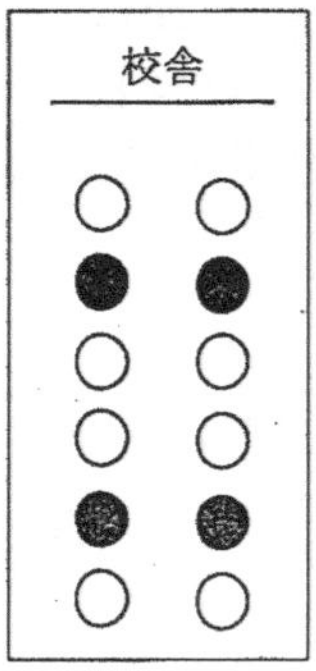

図２

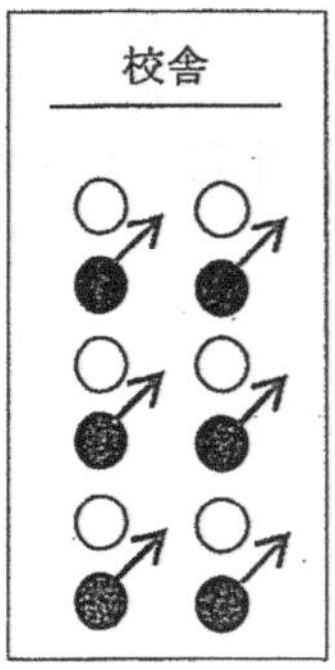

図３

(2)　見学に出発する前に、先生から熱中症《しょう》予防についての注意がありました。熱中症予防について、先生が注意したと思われることを具体的に一つ書いてください。

(3)　まさひろさんの班は、見学先であるスーパーマーケットに着きました。スーパーマーケットには、図４のように図５のマークがつけられた、障《しょう》害のある人や高齢《れい》者のための駐《ちゅう》車場がありました。この駐車場には、障害のある人や高齢者が利用しやすいように、どのような工夫《くふう》がされているか、図４からわかることを二つ書いてください。

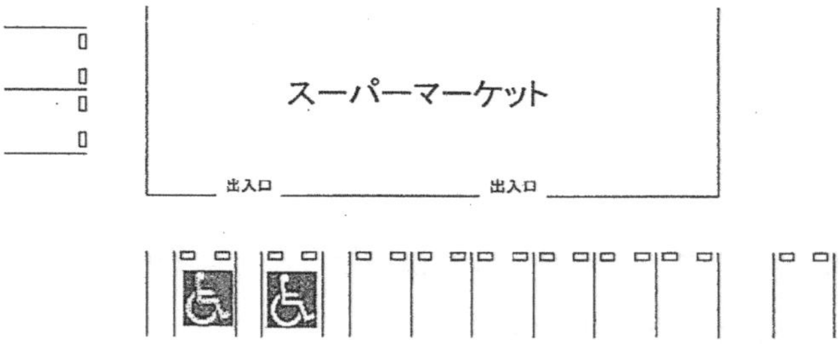

図４

図５

(4)　午後３時に運動場にもどり、校舎に向かって整列したまさひろさんは、地面にうつった自分の影《かげ》の方向が、出発する前と変わっていることに気づきました。

　図６は、まさひろさんを真上から見た図です。午前９時に出発するとき、まさひろさんの影は、図６の②の方向にできていました。

　午後３時に同じ場所にもどったとき、まさひろさんの影はどの方向にできていましたか。まさひろさんの影ができていた方向を、図６の①〜⑥から一つ選び、その番号を書いてください。

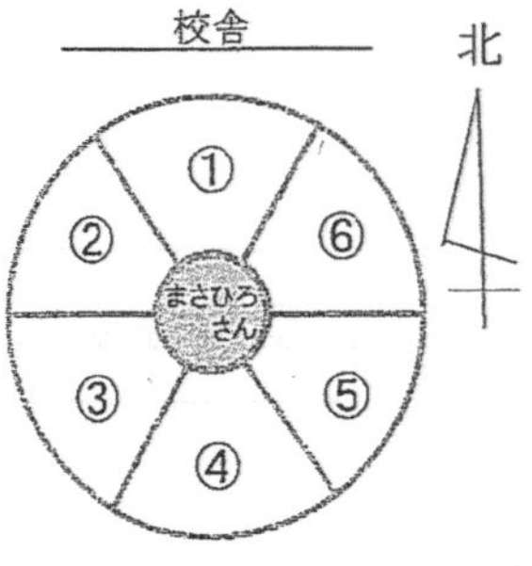

図６

4　次の文章は、ひろきさんたちが、理科クラブで川にすむ生物について調べた結果を、先生と話し合っている場面の会話文です。これを読んで、下の(1)～(3)の問いに答えてください。

先　生　　川にすむ生物のうち、川の水の汚《よご》れの程度を知る手がかりとなる生物を、指標《しひょう》生物といいます。今日のクラブの時間は、調査した図１のＡ～Ｄの地点の結果について、表１と図１をもとに、話し合いをしましょう。

【水質調査の結果について】

水質階級は、水の汚れの程度を表し、「Ⅰ　きれいな水」「Ⅱ　ややきれいな水」「Ⅲ　汚《きたな》い水」「Ⅳ　とても汚い水」の４階級とする。

Ａ～Ｄの各地点で採集された指標生物のうち、数の多かった上位２種に●印をつけ、その他に○印をつける。●印は２点、○印は１点として、Ⅰ～Ⅳの水質階級ごとに点数を合計し、点数が最も高い水質階級をその地点の水質階級とする。

表１　調査地点Ａ～Ｄにおける指標生物の採集結果

調査地点		A	B	C	D
水質階級	指標生物	●印は数の多い上位２種、○印はその他			
Ⅰ　きれいな水	ヒラタカゲロウ類	○			●
	ブユ類	○			
	サワガニ	●			
	ヨコエビ類		●		○
Ⅱ　ややきれいな水	コガタシマトビケラ類	○			●
	ヒラタドロムシ類			○	
	カワニナ類	●			
	ヤマトシジミ		○	●	
Ⅲ　汚い水	シマイシビル		○		
	タニシ類		●	●	
	ニホンドロソコエビ		○		
Ⅳ　とても汚い水	ユスリカ類		○		
	エラミミズ		○		
	サカマキガイ			○	

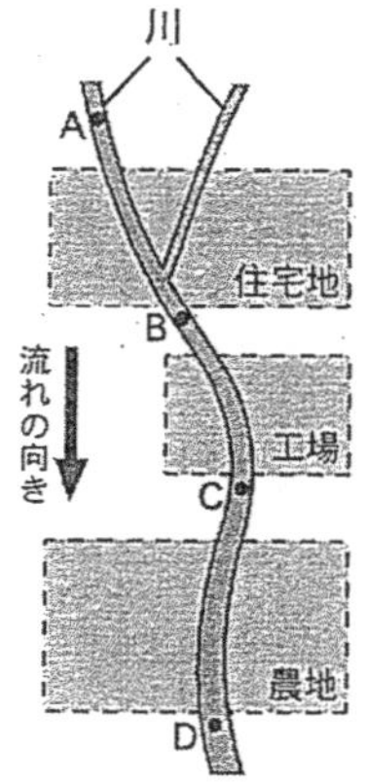

図１

ひろき　　調査地点Ａでは、Ⅰの水質階級の点数は［　ア　］点、Ⅱは３点、Ⅲ・Ⅳは０点になるので、地点Ａの水質階級は、「Ⅰ　きれいな水」と判定できるね。

さくら　　川は上流から下流に行くにしたがって汚れてくると思っていたのだけれど、必ずしもそうではないようですね。

ひろき　　本当だね。私もさくらさんと同じ考えで、地点Ａから地点Ｄの水の汚れの程度は、Ａ、Ｂ、Ｃ、Ｄの順に大きくなると思っていたけど、Ａと（　①　）は水質階級が同じで、汚れの程度が一番小さく、その後は、（　②　）、（　③　）の順に大きくなっているね。このことから、図１の川が地点Ａから地点Ｄまで流れる間に、住宅地、工場、農地のうち、［　イ　］が一番川の水を汚していると考えられるね。

先　生　　そのとおりですね。私たちは環境《かんきょう》のことについてよく考えて生活をしないといけませんね。

(1)　［　ア　］に当てはまる数字を書いてください。

(2)　文中の（　①　）～（　③　）に当てはまるＢ～Ｄの記号をそれぞれ書いてください。また、［　イ　］に当てはまる言葉を、住宅地、工場、農地から一つ選んで書いてください。

(3)　川の水の汚れについて調べる方法を、生物を採集して調べる方法以外に二つ書いてください。

(1) フォッグたちが世界一周した年は、右の年表中のア～オのどの時期に当たりますか。交通手段の発達から考えて、ア～オから一つ選び、記号で書いてください。ただし、フォッグたちは、当時利用できる最も速い交通手段を使ったこととします。

年	できごと
1825年	蒸気機関車を用いた鉄道が営業を開始する
	乗客を乗せた蒸気船がはじめて大西洋を横断する
	↕ア
1850年	
	インドではじめて鉄道が開業される
	太平洋を横断する定期航路がはじめて開かれる
	↕イ
	アメリカ横断鉄道が開通する
	↕ウ
	スエズ運河が開通する
	↕エ
1900年	
	ヨーロッパで旅客機の運航が始まる
	↕オ
1925年	飛行船による太平洋横断航路がはじめて開かれる

(2) フォッグたちがアデンを出発してから横浜に着くまでの道すじにそって、解答用紙の地図中の都市の●印を線で結んでください。ただし、地図中の都市には、フォッグたちが通っていない都市も含《ふく》まれています。

(3) フォッグたちが世界を一周してロンドンに着いた時、かれらが旅に出発した日からつけていた日記に書かれた日づけは、ロンドンにいた人々の日づけより、１日進んでいることがわかりました。地球は、下の**地図２**のように自転しており、地球を一周すると日づけが１日ずれてしまうのです。フォッグたちの旅から約 350 年前に、下の**地図３**の道すじで人類初の世界一周をなしとげた、スペインの航海者マゼランの船団が帰り着いた時にも、マゼランたちがつけていた日記の日づけが１日ずれていましたが、１日おくれた日づけとなっていました。フォッグたちの日記では１日進み、マゼランの船団の日記では１日おくれるというちがいが、なぜ起こったのか、その理由を、**「地球の自転」**という言葉を使って書いてください。ただし、どちらの日記においても、機械式の時計を使わず、朝が来て次の朝が来ることで１日が過ぎたと考えていたこととします。

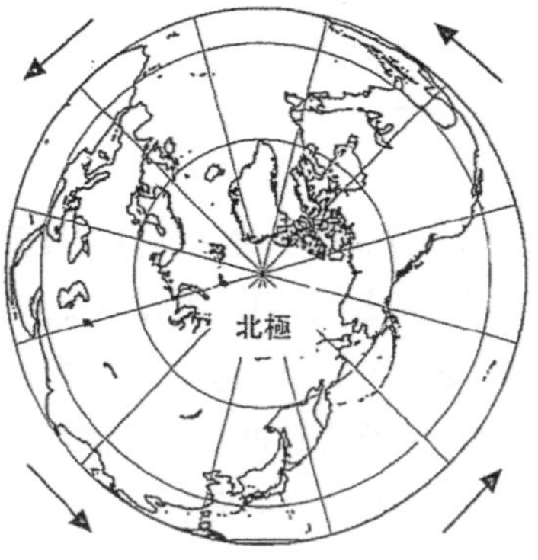

地図２

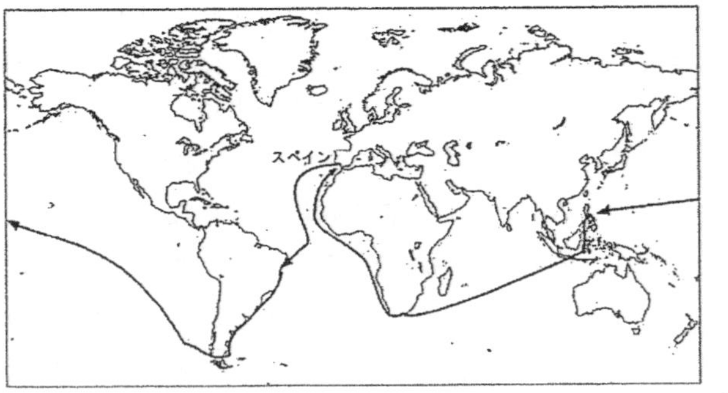

地図３

(4) 次の表は、世界遺産と、それが選ばれた主な理由をまとめたものです。次の写真にある原爆ドームも世界遺産に選ばれています。原爆ドームが選ばれた主な理由を、表にならって書いてください。

国	世界遺産	主な理由
日本	富岡製糸場	産業の発展に重要な役割があったことを伝えるため
フランス	パリのセーヌ川沿いの町なみ	人はすばらしい才能を持っていることを伝えるため
インド	カジランガ国立公園	絶めつのおそれのある動植物を守り、残していくため

〈注意〉

① 段落は、内容に応じて設けること。

② 文章の長さは、**六百字程度**とする。

③ 作文の題は、つけないこと。

受検番号		氏　名	

平成 27 年度県立中等教育学校入学者選考適性検査解答用紙（１枚目）

1	(1)	ア		イ	
	(2)	①			
		②			
	(3)	「あははと笑う」……			
		「うふふと笑う」……			
	(1)	円			
	(2)	あきらさん（　　　）円		かずこさん（　　　）円	
		さおりさん（　　　）円		ただしさん（　　　）円	

受検番号		氏　名	

平成 27 年度県立中等教育学校入学者選考適性検査解答用紙（２枚目）

4	(1)							
	(2)	①		②		③		
		イ						
	(3)							
5	(1)			(2)				
	(3)			(4)				
	(1)							

600字 500字 400字 300

受検番号		氏名	

100字

200字

得点

※50点満点
(配点非公表)

6	(2)	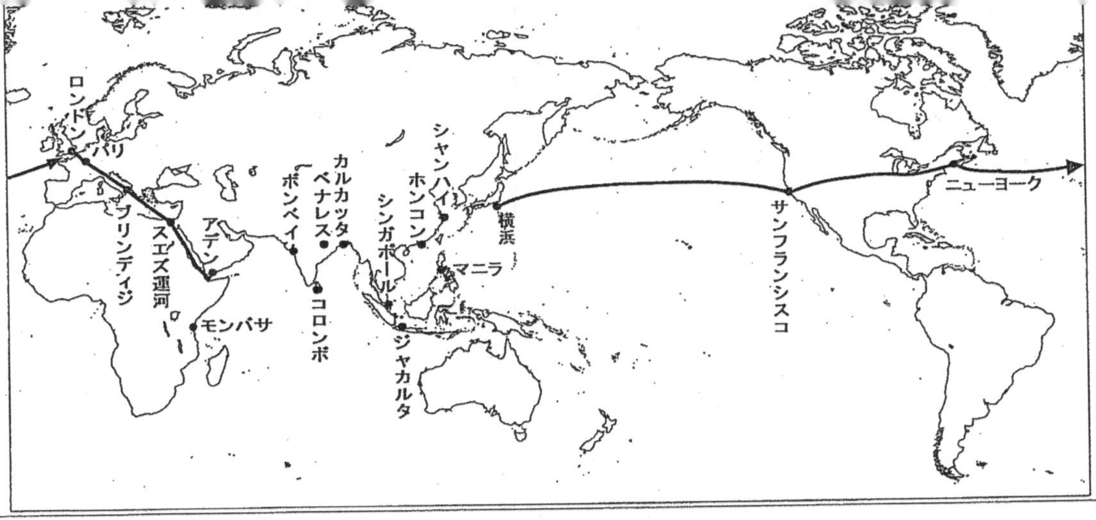
	(3)	
	(4)	

1	2	3

4	5	6	合　計

※50点満点
（配点非公表）

		（　）円　はるおさん（　）円		
	(3)	（　）→（　）→（　）→（　）→（　）→（　）		
		（　）→（　）→（　）→（　）→（　）→（　）		
		（　）→（　）→（　）→（　）→（　）→（　）		
3	(1)	校舎 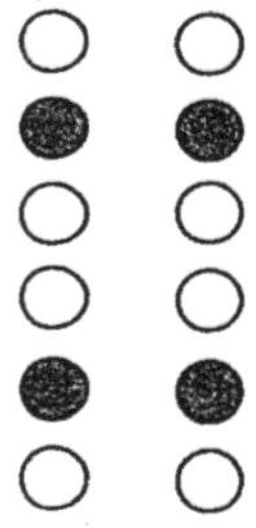	(2)	
			(3)	
	(4)			

1	2	3

平成二十七年度　県立中等教育学校入学者選考

受検番号		氏名	

〔作文問題（時間五十分）〕

「毎日続けること」について書かれた次の文章を読んで、感じたり考えたりしたことを、具体的な体験をまじえながら書いてください。

フィギュアスケートの浅《あさ》田《だ》真《ま》央《お》選手は、ソチオリンピック（二〇一四年）までの苦しかった練習をふり返って、「とにかく自分の身につくまで毎日練習すること。それしかなかったんです。」と述べています。毎日、自分の目標に向かって練習を続け、それを達成したときの喜びは、ひときわ大きいものです。ただ、毎日続けることは難《むずか》しいことです。詩人の相田《あいだ》みつをさんは、「毎日少しずつ。それがなかなかできねんだなあ。」という言葉を残しています。

6　次の文章は、『八十日間世界一周』という物語について書かれたものです。この文章を読んで、あとの(1)〜(4)の問いに答えてください。

この物語の内容は、むかし、イギリスの大富豪《ふごう》フォッグが、さまざまな交通手段を利用して、当時としては最速の、80日間で世界を一周したというものです。

フォッグとその仲間たちは、下の地図1のような道すじで世界一周にいどみました。

かれらは、10月2日にイギリスのロンドンを出発し、蒸気船《じょうきせん》に乗って大陸へわたり、大陸では汽車に乗りかえ、パリを通って、ブリンディジまで行きました。そして、ブリンディジで蒸気船に乗りかえ、スエズ運河《うんが》に行きました。スエズ運河を出港したかれらは、アデンの港へ向かいました。かれらを乗せた蒸気船は、アデンで燃料を積んでから出港し、かれらはインドのボンベイの港に着きました。ボンベイから汽車に乗り、ベナレスを通ってカルカッタに着いたかれらは、カルカッタの港から蒸気船に乗りました。かれらは、とちゅうシンガポールに寄り、ホンコンに着きました。

少しでも早く世界を一周したいフォッグでしたが、このあとさまざまな事件にまきこまれ、足止めをされたり、仲間とはぐれたりしながら旅を続けていきます。フォッグは、ホンコンから小船を使ってシャンハイにたどり着き、ここで大型の蒸気船に助けられて、日本の横浜《よこはま》に着きました。はぐれていた仲間と横浜で合流したフォッグは、横浜の港から大型の蒸気船に乗り、太平洋を横断しサンフランシスコにわたりました。かれらは、サンフランシスコからアメリカ横断鉄道を利用してニューヨークへ行き、ニューヨークから蒸気船に乗り、大西洋をわたってロンドンにもどることができました。

フォッグたちが世界一周した年は、世界遺産《いさん》に選ばれた富岡《とみおか》製糸場がつくられた年に当たります。

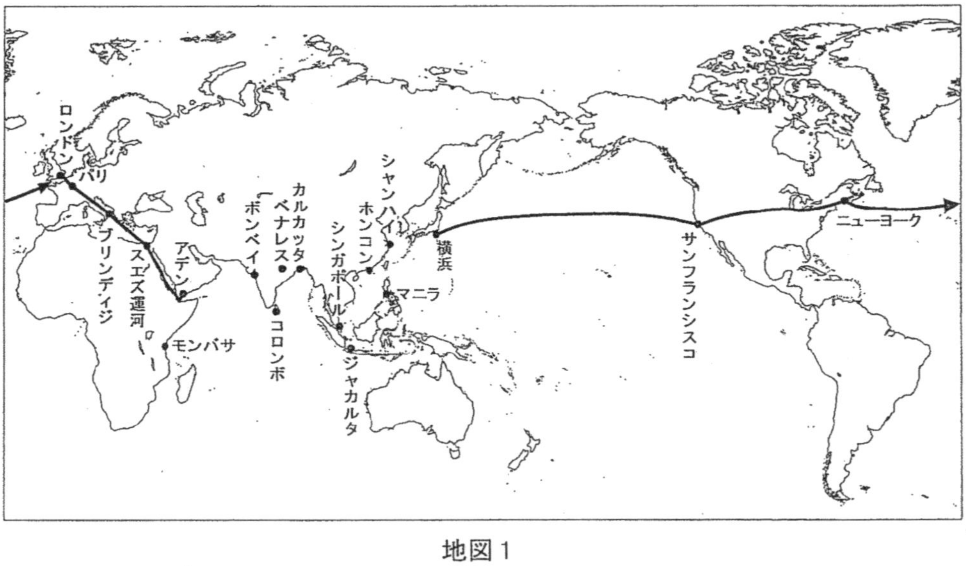

地図1

注1　アデンから横浜までの道すじは、えがかれていない。
　2　運河とは、船を通すために、陸地をほって作った水路のことである。

5　次の文章は、はなこさんたちが、時間や長さの単位について話し合っている場面の会話文です。この文章を読んで、下の(1)～(4)の問いに答えてください。

はなこ　長さは、たとえば1ｍが100㎝、1㎞が1000ｍのように、100や1000で単位が変わるようになっているわね。でも、時間は、1時間が60分、1日が24時間よね。

たろう　100や1000で単位が変わるほうが計算は簡単《かんたん》だと思うけれど、時間はどうして、そうなっていないのかなあ。

じろう　1時間が60分だから計算しやすいこともあるよね。時間を分で表す場合、たとえば、$\frac{1}{3}$時間は、1時間が100分だと割《わ》り切れないけれど、1時間が60分だから、割り切れて［ア］分となり、整数で表すことができるよ。

たろう　時間を分で表すとき、$\frac{1}{3}$時間と同じように、割り切れて、整数となる$\frac{1}{※}$時間が、ほかにないか、調べてみようよ。

はなこ　［※］に当てはまるのは、2以上10以下の整数では、3のほかに、［イ］があるわね。

じろう　今度は、100を2から10までの整数で割ってみようよ。

たろう　割り切れる整数と、割り切れない整数があるけれど、60の方が100より割り切れる整数が多いね。

じろう　2以上10以下の整数のうち、60を割ったとき割り切れて、100を割ったとき割り切れない整数は［ウ］だね。

はなこ　ところで、連続する二つ以上の整数を足し算した答えが、60になるような式をつくってみようよ。

じろう　たとえば、連続する三つの整数19、20、21は、19＋20＋21＝60となるね。

はなこ　そうだね。ほかにも連続する二つ以上の整数を足し算した答えが60になる式はないかなあ。

たろう　［　　エ　　］＝60という式を見つけたよ。

(1)　文中の［ア］に当てはまる整数を書いてください。

(2)　文中の［イ］に当てはまる整数を全て書いてください。

(3)　文中の［ウ］に当てはまる整数を二つ書いてください。

(4)　文中の［　　エ　　］に当てはまる式を一つ書いてください。

2　あきらさん、かずこさん、さおりさん、ただしさん、なおみさん、はるおさんの６人は、近所の公民館で開かれているバザーに行きました。この６人はそれぞれ、50円硬貨《こうか》または100円硬貨のどちらか１枚だけを持っており、50円硬貨１枚だけを持っている人が３人、100円硬貨１枚だけを持っている人が３人います。下の(1)～(3)の問いに答えてください。

(1)　６人のうち４人を選び、その所持金の合計がいくらになるかを考えるときに、４人の合計が最も多いときと、４人の合計が最も少ないときとでは、何円の差があるか書いてください。

(2)　次の①～③が全て成り立っているとき、６人がそれぞれ何円持っているか書いてください。

① あきらさん、かずこさん、さおりさんの所持金の合計は、ただしさん、なおみさん、はるおさんの所持金の合計より50円多い。
② あきらさんとかずこさんの所持金は同じである。
③ なおみさんの所持金は、はるおさんの所持金より多い。

(3)　この６人が、バザーのお店で、50円の綿菓子《わたがし》を１人一つずつ、それぞれが順番にお金を払《はら》って買うことにしました。ところが、このときお店には、おつりがありませんでした。この６人のうち、50円硬貨を持っている人をA、100円硬貨を持っている人をBと表すとき、Aの３人とBの３人の合計６人が、どのような順番で買えば、お店の人がおつりのいる人におつりを渡《わた》すことができ、６人全員が綿菓子を買うことができますか。６人全員が綿菓子を買うことができる順番を、下の例のほかに、３とおり書いてください。ただし、100円を出したときにお店の人がおつりを渡せない場合は、買えないこととします。

【例】

買う順番	1番目		2番目		3番目		4番目		5番目		6番目
	A	→	B	→	A	→	B	→	A	→	B

このときのお金の動き
・1番目のAが50円を支払う。
・2番目のBが100円を出して、50円をおつりとして受け取る。
・3番目のAが50円を支払う。
・4番目のBが100円を出して、50円をおつりとして受け取る。
・5番目のAが50円を支払う。
・6番目のBが100円を出して、50円をおつりとして受け取る。

1　次の文章は、まさるさんたちが、音や様子を表す言葉について話し合っている場面の会話文です。この文章を読んで、下の(1)〜(3)の問いに答えてください。

まさる　今日は雨だね。雨が降《ふ》る音や様子を表す言葉にはどんなものがあるかなあ。
ゆうこ　「しとしと」とか「ザーザー」という言葉をよく使うわね。「しとしと」は、雨が静かに降っている様子で、「ザーザー」は、勢いよく降っている様子を表すように思うから、今日の雨は、「しとしと降っている」というほうが合っているわね。
しずこ　雨の降る音や様子を表す言葉には、ほかにどんなものがあるかしら。
まさる　ほかには「ぽつぽつ」とか「ぱらぱら」とかがあるよ。
げんた　「ぽつぽつ」は、雨のしずくが一粒《つぶ》ずつ落ちていく感じだね。「ぱらぱら」は、「ぽつぽつ」に比べて雨の落ちるのが速い感じがするよ。でも、「ザーザー」よりは勢いがない感じがする。雨の降る様子のちがいが感じられておもしろいね。
ゆうこ　「ばらばら降る」と言うと、あられやひょうのような粒の大きなものが降っている感じがするわ。
まさる　「ばらばら」と「ぱらぱら」では、伝わってくる感じも変わってくるんだね。
しずこ　そういえば、５年生の時に習った「大造《だいぞう》じいさんとガン」では、「ガンの群れが、一度にバタバタと飛び立ちました。」という表現があったけれど、「パタパタと飛び立ちました。」という表現よりも、飛び立つときの音が大きくて、勢いがあるように感じるわ。
げんた　「ばらばら」と「ぱらぱら」の感じのちがいとよく似ているね。
しずこ　おもしろいわね。言葉を少し変えるだけで、伝わる感じもちがってくるわね。
まさる　そうなんだ。たとえば、笑うときの表現でも、「あははと笑う」と「うふふと笑う」とでは、笑っている様子のちがいが感じられるよね。

(1)　「ぱらぱら」という言葉を使って、「［ア］をぱらぱら［イ］。」という文を作ってください。ただし、「ぱらぱら」は「小さなものが散らばりながら続けて落ちる様子やその音」を表すこととします。また、［ア］には、会話文に出てきた言葉や「小さなもの」という言葉以外の言葉を使うこととします。

(2)　音や様子を表す言葉には、「ばらばら」と「ぱらぱら」、「ばたばた」と「ぱたぱた」のように、最初の文字がにごる言葉（ガ行・ザ行・ダ行・バ行の文字で始まる言葉）を使うと、最初の文字がにごらない言葉（パ行の文字で始まる言葉を含《ふく》む）を使う場合と比べて音が大きかったり勢いがあったりする感じを表すようになる言葉があります。音や様子を表す言葉の最初の文字が、①にごるときと、②にごらないときとで、そのようなちがいが感じられる、二つの短文を、例にならって一組作ってください。

例１	例２	例３
①戸をドンドンとたたく。 ②戸をトントンとたたく。	①石がごろんと転がる。 ②石がころんと転がる。	①石がゴロゴロ転がる。 ②石がコロコロ転がる。

ただし、会話文や例に出てきた言葉以外の言葉を使うこととします。また、音や様子を表す言葉でない部分（例１では「戸を……とたたく」、例２では「石が……と転がる」、例３では「石が……転がる」）は、二つの文で全く同じ言葉にすることとします。

(3)　「ゆうこさんが、あははと笑う」という表現と、「ゆうこさんが、うふふと笑う」という表現では、笑っている様子がちがっていることが伝わってきます。それぞれの表現から、どのような様子が伝わってくるか、ちがいがわかるように解答らんに書いてください。